LES MÛRES NE COMPTENT PAS POUR DES PRUNES

DES MÊMES AUTEURS

Françoise Laborde

Les Mammouths et les jeunes lions. À la recherche de la deuxième droite (avec Jean-Luc Mano), Belfond, 1990
Des sœurs, des mères, des enfants (avec Catherine Laborde), JC Lattès, 1997
Dix jours en mars à Bruxelles, Ramsay, 2000
L'Homme du 18 juin 2002 (avec Stéphane Bugat), Ramsay, 2002
Pourquoi ma mère me rend folle, Ramsay, 2002
Ma mère n'est pas un philodendron, Fayard, 2003
Pas de panique, Maman est là !, Fayard, 2005
C'est encore mieux à cinquante ans, Fayard, 2007
Ça va mieux en le disant !, Fayard, 2008
Ne vous taisez plus ! (avec Denise Bombardier), Fayard, 2011
Une histoire qui fait du bruit, Fayard, 2011.
Muette. Quand ma mère me rendait folle, Jean-Claude Gawsewitch, 2013

Isabelle Duquesnoy

Apprentie geisha, Tokyo 1923, Gallimard Jeunesse, 2014
Franc-maçonne : Journal insolent d'une femme libre dans le secret des loges, Éditions du Moment, 2013
Anne, fiancée de Louis XIII, Gallimard Jeunesse, 2012
Li Mei, suivante dans la Cité interdite, Gallimard Jeunesse, 2011
Constance, fiancée de Mozart, Gallimard Jeunesse, 2009 (prix Ados 2012, Deauville)
Les Confessions de Constanze Mozart, Tome II, Plon 2005
Les Confessions de Constanze Mozart, Tome I, Plon, 2003 ; Points Seuil, 2012.

Françoise Laborde
Isabelle Duquesnoy

LES MÛRES NE COMPTENT PAS POUR DES PRUNES

Michel Lafon

118, avenue Achille-Peretti – CS 70024
92521 Neuilly-sur-Seine cedex
www.michel-lafon.com

Les femmes préfèrent être belles
plutôt qu'intelligentes,
car il y a plus d'hommes idiots qu'aveugles.

Anonyme éclairé

ÉLOGE DE LA FEMME MÛRE, SEXY ET ÉPANOUIE

Pulpeuse, sereine, apaisante, voluptueuse, bienveillante, raisonnablement fêlée, gentiment despotique, physiquement appétissante, follement érotique, finement galante, traîtreusement courtoise, modérément dépensière, faussement modeste[1]...

Ces quelques qualificatifs rendent justice à cette catégorie de population mondiale, parfois moquée, toujours sous-estimée : la femme mûre d'aujourd'hui, sereine et triomphante !

Trop souvent ringardisée, ridiculisée, réduite à de pathétiques stéréotypes, la femme mûre représente pourtant la moitié des Françaises !

Alors, nos semblables, nos sœurs, vous qui avez franchi ce cap délicieux de la cinquantaine, vous qui abordez les rivages de la soixantaine, joignez-vous à nous pour crier : « Ça suffit ! »

---

1. Liste à compléter au gré de vos envies et de vos humeurs.

Ça suffit les modèles bidons : bimbos décérébrées, trentenaires enragées, ménagères frustrées, cougars obsédées… Bref, tous ces clichés qui ne correspondent qu'à une infime partie de la gent féminine. Et puisque aujourd'hui en France, 50 % des femmes ont plus de 50 ans, il est temps de se réveiller et de prendre conscience de nos qualités.

Osons le dire : oui, avec l'âge, on se bonifie ! Oui, nous sommes plus expertes, plus drôles, plus épanouies qu'autrefois. Nous n'avons pas vieilli, nous avons mûri comme un beau fruit. Pour devenir cette femme voluptueuse, il ne suffit pas d'acquérir des rondeurs, il faut savoir s'abandonner dans les alcôves, apprendre à gommer les aspérités de son caractère, assumer sa féminité. Cette femme-là, c'est la *sexygénaire* désinhibée, pour qui le bonheur du partage l'emporte sur la tyrannie des apparences.

C'est pourquoi nous clamons haut et fort que les hommes intelligents préfèrent les vieilles ! Parce qu'elles osent tout. Parce qu'elles n'ont plus peur de rien !

Nous allons vous aider à devenir cette femme, compagne, amoureuse, épouse qui, la cinquantaine abordée, suscite la gourmandise…

Les enfants grandis, vous, compagne historique (ou non) redeviendrez maternante, sexuellement épanouie, disponible et attentive… grâce à nos conseils petits et grands, à nos astuces testées et approuvées, à cette prise de conscience qui s'imposera à vous dès la fin de l'ouvrage !

Alors, avec une indulgence détachée, vous reconsidérerez les regards gourmands que pose votre homme sur les jeunes femmes, tentatrices comme une pomme verte, mais aussi acides et dures, dans laquelle il pourrait bien y laisser un bridge…

Voilà pourquoi vous devez vous entraîner à devenir cette femme mûre et libre, à revendiquer tous les talents et tous les charmes dont vous êtes aujourd'hui pourvue, et assumer, enfin, avec fierté ce que vous allez devenir…

Sachez-le : les mûres ne comptent pas pour des prunes !

PREMIÈRE PARTIE

Sérénité, liberté, féminité

1

COMMENT DEVENIR UNE FEMME MOELLEUSE ?

Accordons à la femme mûre l'adjectif « moelleux » qui évoque un merveilleux vin de Sauternes… La femme moelleuse se bonifie avec l'âge et se laisse déguster avec tact et volupté par les amateurs éclairés, hommes mûrs eux aussi ayant compris que le plaisir se conquiert et se maîtrise avec le temps. La première qualité d'une femme moelleuse, c'est d'être douce, appétissante et savoureuse… comme une belle prune !

Donc efforçons-nous de devenir aussi moelleuse qu'un grand sauternes…

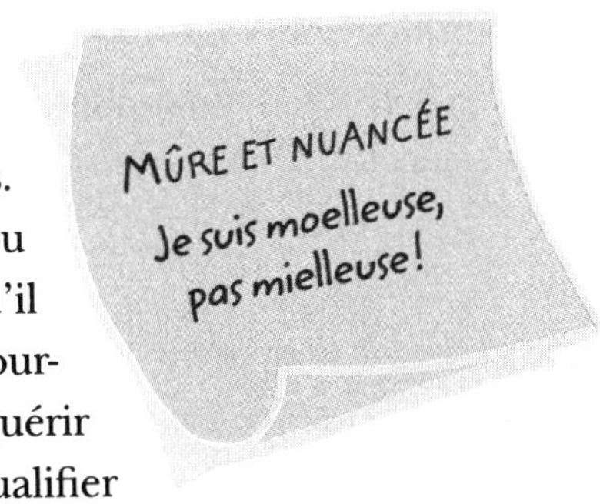

Cette nouvelle qualité demande tout de même quelques efforts. Bien sûr, des esprits simples ou sarcastiques pourraient croire qu'il suffit de quelques années de gourmandise sucrée ou salée pour acquérir des rondeurs que l'on pourrait qualifier de moelleuses, mais non ! Enfin... oui aussi ; mais pas seulement...

Devenir une femme moelleuse, c'est d'abord développer un état d'esprit, c'est avoir acquis le sens du confort et du plaisir, de l'offrande autant que du partage, c'est être égoïste à bon escient, c'est avoir de l'esprit en toutes circonstances... Devenir une femme moelleuse demande :

– *de la maîtrise* :

• Je m'abstiendrai de sarcasmes désobligeants devant sa calvitie naissance et/ou son petit bidon.

• Je ne mettrai pas à la poubelle sa collection de vieux magazines *La Vie de l'auto* ou *Chasse-marée.*

• Je m'intéresserai à ses travaux de remise en état de sa vieille Jeep, sa vieille pinasse et autres jouets de grand garçon qui le fascinent.

– *de la rigueur* :

• Je ne prendrai plus d'abonnement à la salle de gym où je ne mets jamais les pieds, mais je m'astreindrai à monter les escaliers sur la pointe des pieds (on a dit moelleuse, pas flasque !).

• Je ne me lèverai plus la nuit pour me faire une tartine grillée (on a dit moelleuse, pas obèse !)...

• Je me démaquillerai tous les soirs avec un tonique léger, mais lui épargnerai la crème antirides (on a dit moelleuse, pas crémeuse !).

– *de la constance dans l'effort* :

• En toutes circonstances je sourirai, ne serait-ce que pour remonter gracieusement mes pommettes.

• Je rentrerai le ventre et redresserai le dos pour m'éviter nuque voutée et bosse de bison.

• Je poserai gracieusement mes pieds au sol en descendant de voiture, même si mes articulations me font souffrir.

– *de la culture*:

• Je relirai les textes anciens :

Justine de Sade,
Les Onze Mille Verges de Guillaume Apollinaire,
Gamiani d'Alfred de Musset,
Le Con d'Irène de Louis Aragon,
*Histoire de l'*œil de Georges Bataille…

• Je compléterai mon éducation par les ouvrages du docteur Gérard Zwang[1] :

Le Sexe de la femme
La Fonction érotique
La Statue de Freud

– *de la facultative religion*:

• Je n'oublierai pas dans mes prières cette phrase de Mouhammad al-Nafzâwî et extraite de son livre *La Prairie parfumée:* « Louanges à Dieu, qui a fait que le grand plaisir pour l'homme réside dans le huis de la femme, et que le grand plaisir de la femme réside dans l'instrument de l'homme. »

– *de la curiosité*:

• J'irai visiter Khajurâho en Inde, lieu de naissance du Kâma-Sûtra…

1. Sexologue, urologue et écrivain.

• À Madhya Pradesh, je découvrirai l'art tantrique sur les bas-reliefs des temples hindous qui sont de forts intéressants guides d'enseignement sur les pratiques sexuelles.

• À Tokyo, je l'inviterai à tester les « *Love hotels* », qui proposent des chambres érotiques à thèmes et avec accessoires.

– *de l'humour*:

• Je pratiquerai l'autodérision plutôt que la moquerie, l'introspection plutôt que la chouine.

Mûre et circonstanciée

Ne dites plus: «Je suis trop vieille», dites: «Je l'ai déjà vécu».

Ne dites plus: «À mon âge», dites: «Maintenant».

Ne dites plus: «J'ai oublié où j'ai garé ma voiture», dites: «Ça va me faire du bien de marcher un peu».

Ne dites plus: «La retraite m'emmerde», dites: «Je vais pouvoir reprendre mes études».

Ne dites plus: «J'ai des rhumatismes», dites: «Je me suis foulé la cheville».

Ne dites plus: «J'ai l'air d'un sac dans cette robe», dites: «Je trouve ces jerseys vulgaires».

Ne dites plus: «J'ai des cheveux blancs», dites: «Je fais moins de balayage».

Ne dites plus: «Mon vieux mari», dites: «Mon amant et mari».

Ne dites plus: «Je ne couche plus avec mon mari», dites: «Nous avons d'autres extases».

Ne dites plus: «Ma libido est en berne», dites: «Je relirais bien deux ou trois *Nuances de Grey*».

Ne dites plus: «La pipe, c'est pas mon truc», dites: «Je n'aime que les plaisirs délicats».

Ne dites plus: «Tu es fatigué, chéri?», dites: «Avec l'âge, les raideurs se déplacent».

Ne dites plus: «Je n'attends plus rien de la vie», dites: «Je me suis inscrite à Blablacar, le covoiturage, c'est le top pour draguer».

Ne dites plus: «Je m'ennuie», dites: «Je vais changer ma page Facebook».

QUESTIONNAIRE ABSURDE

Rayez la ou les mentions inutiles

Plutôt mourir que de renoncer à...

– Me payer un maillot de bain une pièce chiccissime façon Erès.

– M'offrir une coupe sublime chez un grand coiffeur façon Alexandre de Paris (demander Yves ou Laurent).

– Renouveler mon abonnement de massage chinois retour d'énergie (demander Anna chez Tui Na Massage...)

– Me faire polir par ma manucure et pédicure.

– Faire mes courses au Bon Marché ou chez Lenôtre.

Plutôt mourir que m'obliger à...

– M'afficher en deux-pièces sur une plage.

– Supporter la coupe de cheveux express façon « Créatifs » chez le coiffeur du coin.

– Porter des Louboutin... faux chic réservé aux héroïnes de télé-réalité.

– Me retrouver en minijupe, façon pom-pom girl.

– Faire du shopping chez Naf Naf.

– Porter un short en hiver, sous prétexte que c'est la mode, même si mes jambes sont sublimes.

2

ENFIN SEULS !

Même si les enfants occidentaux traînent longtemps à la maison, même si les femmes modernes maternent de plus en plus tard, il arrive un moment, généralement après 50 ans, où l'on se retrouve enfin seuls, lui et nous...

Les grands sont déjà plus ou moins partis, et le petit dernier, à peine son bac en poche, piaffe pour quitter la maison et rejoindre son grand frère ou sa grande sœur dans un(e) autre ville/quartier/squat/appartement/studio. Ou selon la tendance actuelle : pour entamer son incontournable année sabbatique, en voyageant autour du monde...

Au passage, c'est quoi cette mode que revendiquent nos bacheliers comme une conquête sociale fondamentale, et à laquelle ils se sont largement convertis avec l'enthousiasme des prosélytes ? La « *gap year* », année (minimum) de césure entre le lycée et l'université, qui nous vient des États-Unis et qui est largement pratiquée dans les pays anglo-saxons et scandinaves, est supposée permettre à nos jeunes lauréats d'accomplir un voyage, une mission humanitaire, un projet personnel, la découverte d'un emploi. Son but? Quitter le nid et découvrir d'autres horizons pour mieux choisir ensuite son parcours universitaire et professionnel; une sorte de rituel de passage à l'âge adulte. Une pause, entre la fin de l'enfance et le début de l'indépendance. Pour mieux retarder le grand saut…

– Maman! Mais tu ne vas pas m'inscrire à la fac? J'ai besoin de me reposer, moi!

– Mais de quoi, Seigneur? Voilà six ans que tu n'as pas ouvert un livre!

– Et mon année sabbatique, alors?

On ne ricane pas. On laisse faire. On se dit que cela ne fera qu'une année de plus à payer… Et que si cela leur permet de devenir des adultes plus équilibrés que nous… Bref, on cède.

Moment redouté par les unes, tant attendu par les autres…

Dans certaines familles, ce départ sonne comme une délivrance; la fin du lycée est avant tout l'issue d'un parcours de la combattante… Parce que, actives ou non, les mères demeurent largement celles qui se chargent des accompagnements périscolaires ou complètement scolaires… Celles qui « s'appuient » les humiliantes remontrances assorties de tout aussi humiliantes séries de négociations avec les profs, les proviseurs, les CPE, parce que le petit ou la petite:

- ne s'est pas présenté ce matin;
- a frappé un camarade;
- s'est levé au milieu du cours;
- a « traité » un prof (non, il ne l'a pas aspergé de pesticide, comme on traite un poirier véreux. Traduisez par « a insulté » un prof);
- a rendu copie blanche;

• a disparu pendant la sortie pédagogique...

Vous aussi, si vous en êtes réduite à souhaiter que l'appel vienne de l'infirmerie ou des urgences plutôt que du proviseur ou du commissariat, vous savez de quoi il retourne...

Disons-le clairement, parvenir à se retrouver en tête à tête avec son homme n'est pas chose aisée et la fenêtre de tir est étroite ! Ce projet idéal n'est réalisable qu'à deux conditions :

– les enfants sont suffisamment âgés pour ne plus vouloir partir en vacances avec nous ;

– et suffisamment jeunes pour ne pas être parents eux-mêmes.

Dans le cadre d'une famille recomposée, cette question devrait être abordée, puis réglée en même temps que les contrats de mariage et/ou les dispositions sur la cohabitation... Choquant ? Bah... se coltiner dans la maison de vacances mademoiselle Dernière, âgée de 14 ans, avec ses copines, ainsi que les jumeaux à peine sevrés de madame Fille Aînée, est au-dessus des forces de toute mère, aussi aimante soit-elle... À moins d'avoir une villa de quinze pièces avec personnel adéquat... Un rêve !

Mais soyons sans illusion... N'imaginons pas que, du jour au lendemain, nos têtes blondes partiront avec armes et bagages... La réalité est tout autre !

À l'époque, lorsque nous quittions le cocon familial durant nos études, nous n'ambitionnions pas de revenir régulièrement à la maison. Bien au contraire ! Enfin la liberté ! Loin des parents, on se sentait plus épanouis et on ne se préoccupait guère de l'éventuel désarroi de nos « vieux » soudainement seuls dans la grande maison devenue silencieuse. Aujourd'hui, c'est différent ! Combien de Tanguy autour de nous ? Il ne leur viendrait pas à l'esprit de déserter la maison du jour au lendemain. Mais alors, pas du tout !

Entre les allers-retours des copains et copines, les vacances plus ou moins en commun, les séjours linguistiques et les départs en stage, attendons-nous à vivre de longues périodes de cohabitation corrigées des variations saisonnières. Parfois vingt-cinq couverts, grâce aux copains/copines/fiancé(e)/cousins/cousines dans la grande maison de vacances… Parfois à deux pour un soir de réveillon : « Oh, vraiment, c'est pas de chance, maman, mais tu comprends, je kiffe trop de passer, pour une fois, le réveillon au ski chez Vaness, en Corse chez Léopold ou à Londres chez Jim ! »

Dans la série frustrations inavouables, on citera la fête des Mères et/ou des Pères que l'on se fait une joie d'organiser (peut-être pour la dernière fois ?) avec toute sa nichée et qui se soldera par un souper en duo, en raison de nombreuses défections de dernière minute : « Désolé, maman, pour ce soir ! C'est pas comme si c'était important, hein ? » Et qui nous conduiront à ruminer sombrement, pendant les cinq repas suivants, sur les restes du somptueux dîner que nous avions préparé. On hésite entre un Alka Seltzer et une barquette de glace au rhum.

À l'inverse, le dîner que nous avons soigneusement organisé pour nos amis et dont les enfants pillent en douce les mets les plus raffinés, entre 16 heures et 18 heures (c'est-à-dire à l'heure où il/elle vient squatter le lave-sèche-linge) : « Qui a mangé les œufs de caille ? », « Où sont passés mes toasts au saumon ? », « Et qui c'est qu'a bouffé le vitello tonnato ? »

Une seule solution face à ces désastres à répétition : expliquer très clairement qu'on ne tient pas une épicerie fine ni un pressing (ah ! la mauvaise habitude d'avoir ses chemises et caleçons repassés par Maria !). Non, on ne fait pas chambres d'hôtes et pour souper, il vaut mieux prévenir… et de toute façon, ce n'est pas parce que le réfrigérateur est plein qu'il faut le vandaliser ! Précaution s'appliquant à TOUS les enfants, quels que soient l'âge et le sexe !

Ces règles de base de post-cohabitation établies, profitons de ces moments de pur bonheur : seuls, tous les deux, dans l'appartement enfin silencieux ! Plaisir que ne connaissent pas les couples jeunes (et non les jeunes couples qui peuvent avoir plus de 100 ans à deux…).

Voyons plutôt les bénéfices :

- fini la maison dévastée par nos adolescents ;
- fini la musique à fond la caisse ;
- fini les heures à rechercher sans relâche le chargeur du téléphone, le coupe-ongles, les ciseaux, la pince à épiler… ;
- fini les potes qui entrent et sortent de la maison comme dans un moulin, nous gratifiant d'un vague hochement de tête, voire nous regardent par-dessous – comme si nous étions une mégère terrifiante – afin justement d'éviter de nous saluer. Ou, au contraire, une jeunesse qui se jette sur nous et nous embrasse sur les deux joues, comme si nous étions leur meilleure amie, alors qu'on se croise pour la première fois ;

- fini les situations embarrassantes provenant de la chambre à coucher (copine que l'on surprend à sortir… bruit de dispute téléphonique… grognements suspects) ;
- fini le rôle d'assistante sociale, aide maternelle, secrétaire particulière, psychologue, psychanalyste qui vous a conduit pendant la vingtaine d'années précédentes à prendre rendez-vous chez le dentiste, organiser les sorties du dimanche, écouter ses jérémiades sur la difficulté d'avoir 15 ans, 20 ans, 30 ans aujourd'hui et de vivre dans ce monde cruel (comme si nous n'avions connu que la douceur de vivre et le farniente !).

Désormais, à nous la sieste crapuleuse sans fermer la porte, à nous les plaisirs, les déambulations en petite tenue entre la douche et la chambre, à nous l'accès illimité à la salle de bains (on ne sait pas pourquoi, même s'ils ont leur petite douche perso, ils finissent toujours par préférer notre salle de bains, parce que la baignoire et le miroir grossissant, c'est tellement mieux !), à l'ordinateur familial, à la télé du salon…

Nous pouvons enfin vivre sans entraves… Et c'est le bonheur !

QUESTIONNAIRE ABSURDE

Rayez la ou les mentions inutiles

Quelle mère êtes-vous ?

– Normale, c'est-à-dire que je me tape tout à la maison.

– Permissive et détendue : je fais confiance aux enfants.

– Tentaculaire et inquiète : je connais par cœur les numéros d'urgence.

– Suspicieuse, mon portable toujours en main : je calcule les temps de trajet.

– Je n'ai pas d'enfant, j'aime trop les animaux.

– J'exige un coup de fil pour le moindre retard.

– J'engloutis la moitié du réfrigérateur à la première parole de travers.

– J'ai la baffe un peu trop facile.

– Je sais tout concernant la vie privée de mes enfants : je fouille !

– Je ne sais rien de leur vie privée, ils se confient peu. Je les suppose heureux.

3

UNE TISANE ET AU LIT ! LE PLAISIR DE SE COUCHER DÉBONNAIRE

Enfin, nous pouvons revendiquer le plaisir de nous coucher de bonne heure ! Sans autre motif que le plaisir, justement...

Pendant des années, nous avons dissimulé à nos relations cette habitude de célibataire endurcie : se déshabiller en rentrant du boulot et se retrouver dans son lit à l'heure où démarre le générique du journal de 20 heures. Parce que franchement, après une journée de labeur, quoi de mieux que de balancer ses stilettos dans un coin de l'entrée, s'affaler dans le canapé les bras ballants et se déshabiller en jetant un œil de poisson mort sur le journal de région de France 3 ?

Pourquoi ne l'avoir jamais avoué ? Parce qu'on croyait que ce n'était pas chic. Parce qu'on trouvait que ça faisait rombière... et parce qu'avant de mener de front carrière, éducation des enfants, entretien du foyer, nous aussi, nous nous glorifiions de nous coucher aux aurores et de nous lever à midi passé...

Seulement voilà, l'habitude de la grasse matinée s'est envolée depuis longtemps, avec la naissance des enfants, les biberons nocturnes, l'école du samedi matin, les rencontres sportives du dimanche. Pendant plusieurs années, un, deux ou trois réveils étaient nécessaires pour nous arracher du lit. Désormais, nous voici – presque – fraîche et dispose avant même qu'il ne sonne !

Et même si les enfants n'ont plus besoin de nous pour être levés, même si aucune obligation ne nous appelle ailleurs, une sorte d'horloge intérieure nous fait mécaniquement nous réveiller tôt. Aussi, à la tombée du jour, l'appel du lit devient irrésistible et la perspective de nous coucher tard et/ou de rester debout devient un supplice...

Naturellement, confronté(e)s à cette nouvelle réalité, une adaptation s'impose :

• En cas d'invitation ou de sortie prévue en semaine, l'excuse est facile. À l'amie qui invite à dîner, la femme mûre sait expliquer : « Impossible, je dois être demain au studio à 5 heures pour mon interview du matin » (version audiovisuelle pour Françoise), ou « Impossible, le maréchal-ferrant débarque à 6 heures pour parer mes chevaux » (version néorurale pour Isabelle)...

• Le vendredi ou le samedi soir, c'est plus compliqué. Surtout dans les milieux branchés où il est de bon ton de convoquer ses invités à 21 heures ! Autant dire que le dîner ne commence pas avant 22 heures et qu'à minuit, le dessert est à peine servi... Seule échappatoire : refuser de sortir ou proposer une contre-programmation.

• Pour les invitations durant le week-end, on privilégiera le déjeuner au dîner et le cocktail dînatoire qui commence à 19 heures et se termine à 23 heures au plus tard.

• Pour les sorties au théâtre ou à l'opéra, il sera préférable de réserver des places pendant les vacances, afin de pouvoir récupérer par la sieste salvatrice.

Bon gré mal gré, il faut s'organiser : il est assez simple de transformer ces rituels en quintessence de la *branchitude.* En commençant par magnifier les habitudes de lève-tôt !

MÛRE ET PHILOSOPHE

Coucher de poule et lever de corbeau éloignent l'homme du tombeau.

Hymne au jour et au soleil

Pour les littéraires, la première phrase de *La Recherche*… de Marcel Proust, corrigée des nécessités du moment, fera l'affaire : « Longtemps je me suis ***levée*** de bonne heure… »

Pour les néo-hippies, le salut au jour avec quelques mantras devant le tipi est aussi bienvenu.

Selon le dalaï-lama, il faut tous les jours penser : « Aujourd'hui, je suis chanceux de m'être réveillé, je suis vivant, j'ai une précieuse vie humaine, je ne vais pas la gâcher, je vais utiliser toutes mes énergies pour me développer, je vais avoir des pensées positives envers les autres, je ne vais pas me mettre en colère ou penser négativement. »

La pensée positive étant la version chic et moderne de la bonne vieille méthode Coué, nous la recommandons vivement en toutes circonstances.

Se défroisser l'esprit et le visage

À 30 ans, au saut du lit, on est joliment chiffon et c'est charmant. Passé 50 ans, le chiffon devient fripe, c'est moins glamour… Donc si nous sommes réveillées au premier chant du coq et avant même que « l'aurore aux doigts de rose » n'éclaire le jour, repassons mentalement la liste des tâches à accomplir ; excellent pour la paix de l'esprit et la mémoire (et efficace contre la maladie d'Alzheimer !).

Ainsi, après avoir trié par ordre d'importance les priorités du jour, *payer le gaz* passera forcement avant *réserver l'hôtel à Saint-Pétersbourg* pendant les nuits blanches (un rêve caressé depuis vingt ans au moins, mais on est devenue raisonnable sur les urgences), on peut se lever gentiment après avoir tendrement embrassé Chachat qui dort encore et se diriger sans traîner dans la salle de bains…

Aujourd'hui, il ne manque pas de lotions, eaux dynamisantes et autres pour se refaire une tête au saut du lit.

Gagner un temps fou sur la journée

Le matin, c'est un moment pour soi : pas de bruit, pas d'enfant, pas de conversation. Il faut en profiter pour s'offrir des petits plaisirs : respirer à fond, se prélasser devant son thé-tartine, éventuellement retourner au lit pour vérifier si Chachat est réveillé et en forme… Si tel est le cas… il faut naturellement en profiter (voir le chapitre sur « L'arrosée du matin »). Au commencement de la journée, on est aussi plus productif. C'est le bon moment pour lire ses mails, classer ses papiers, trier le courrier… Les phobiques de la paperasse se précipiteront chez le boulanger, arriveront en premier au bureau… ou au café du coin.

Contrepartie : on s'autorise la sieste et/ou le coucher tôt

La sieste. On ne vantera jamais assez les bienfaits de la sieste ; c'est la force des grands, hommes ou femmes. C'est sans doute d'ailleurs la sieste qui permet de récupérer le plus rapidement et le plus efficacement. On peut la pratiquer toujours et partout : au bureau, à la maison, en ville, à la campagne, dans un coin de canapé ou dans sa voiture au parking… Il est indispensable de s'accorder une coupure chaque jour ; certains les préfèrent courtes, d'autres longues et confortables. Un fait demeure : plus on avance en âge, plus on en ressent les bienfaits…

Le coucher tôt. Quitte à regarder le journal de 20 heures de notre lit, ou à se plonger dans un livre palpitant… un bonheur ! En revanche, évitons de tweeter ou de surfer sur Internet. La luminosité des écrans près du visage retarde le mécanisme d'endormissement. Il vaut mieux prendre un livre ou feuilleter un magazine.

Mais il n'y a pas à tortiller, le meilleur des somnifères, garantissant un sommeil de bébé repu, est évidemment le câlin du soir… Quel que soit notre âge, c'est une sorte d'obligation médicale ! Excellent pour les articulations, la libido, l'humeur, anticancéreux (les hommes qui font l'amour plus d'une fois par semaine ont moins de risques de cancer de la prostate), antidépresseur… De toute évidence, plus on avance, moins il faut se ménager ; oublions toute pudeur adolescente pour nous ruer sur les plaisirs de la chair !

4

C'EST SI BON…

C'est si bon de vivre auprès d'une femme ayant passé 50 ans ! Nombreux sont les hommes qui ne s'y sont pas trompés ; quelque chose d'onctueux berce leur quotidien délivré des urgences sociales et métaphysiques.

Les plaisirs, *tous* les plaisirs sont là !

Aussi douée au réduit qu'aux fourneaux, elle excelle aux délices de la table (même la cuisinière la moins douée finit par savoir, l'expérience venue, accommoder le saumon surgelé Picard) et surtout à ceux de l'alcôve (il est un âge où l'on fait fi de ses pudeurs adolescentes et où on s'éclate, car le temps presse !).

Monsieur à qui on a épargnera les tourments de la ménopause a, de son côté, les premiers signes de l'andropause ; il a besoin d'être rassuré sur sa virilité autant que sur son avenir… La femme mûre comprend tout et sait comment chasser tourments et anxiété à ce sujet, comment le rassurer… Car, pour nous, le compte à rebours de l'horloge biologique est une angoisse maîtrisée depuis belle lurette (eh oui, la vie chronobiologique est injuste)…

Bref, la femme mûre ne soûle plus personne avec ses désirs de grossesse, ni avec ses interrogations existentielles sur le couple.

C'est si bon de batifoler sans latex à réservoir, goût fraise Tagada ! Rien que l'ouverture de l'emballage met les nerfs à rude épreuve : tendre un bras vers l'accessoire, déchirer le sachet d'un coup de dents, recracher sans vulgarité le petit morceau de papier, mettre l'affaire en place avec ou sans l'aide de Madame et reprendre sans tarder les ébats où on les avait laissés…

Et que dire du thermomètre ? Prescrit par l'imprécise méthode Ogino, c'est avec joie qu'on a jeté à la pharmacie cet instrument grâce auquel tant de bébés ont vu le jour… Il suffisait d'un petit rhume et on ne savait plus si notre hausse de température était un signe d'ovulation pressante ou l'impérieuse nécessité d'une aspirine.

C'est si bon aussi de ne plus entendre les questions usantes qui pourrissent les premiers pas d'un couple ! La femme mûre prend le temps de vivre, elle goûte chaque minute de son existence. Elle ne sabote plus les moments de partage par ses interrogations idiotes, parce qu'elle connaît déjà la réponse, ou parce que la réponse ne l'intéresse plus.

16 questions que nous ne poserons plus jamais…
Fâcheries épargnées grâce à notre maturité !

1. Inquiète – Est-ce que tu m'aimes ?

La question ne se pose plus… on connaît la réplique. Bien sûr qu'il nous aime puisque nous l'aimons… Et nous avons cessé depuis longtemps ce jeu malsain. Malsain, puisque la seule réponse que nous attendions, c'était un oui passionné… Sauf que… généralement chuchoté après un câlin, elle n'entraînait pas toujours un oui franc et massif, quand l'extase s'effilochait et que le repos du guerrier était générateur de contrariété. Monsieur roupillait déjà, tandis que nous étions devant le réfrigérateur, hésitant entre un pot de fromage blanc à 0 % et un fond de rillettes huileuses. La maturité venue, la question ne nous tourmente plus. Et plutôt que de l'assommer avec nos angoisses, c'est nous qui, à l'issue du câlin (même rapide), allons ronronner dans ses bras. Il se donne tant de mal, le chéri !

2. Gestapo – À quoi tu penses ?

Interrogatoire banni du vocabulaire de la femme mûre : on sait à quoi pense notre homme sans avoir besoin de le lui demander. Autrefois, la mimine vagabonde, frôlant les trois poils de son torse nu, on espérait une réponse vertigineuse du type : je pense à nous / j'essaie de t'imaginer en robe de mariée / je pense que j'ai de la chance de t'avoir.

À force de s'entendre répondre un décevant « Humf, à rien », on a rangé nos instruments de torture. De toute façon, on sait à quoi il songe. Au choix, selon le profil : au match de foot présent ou passé, à son bateau qu'il faut aller caréner, à sa voiture qu'il doit changer, à son jardin qu'il doit arroser, à son voyage… Bref, il pense à sa vie, à ses envies et éventuellement à nous dedans… dans la voiture, sur le bateau, dans le jardin (à condition qu'on ne fasse pas trop de bruit !).

3. Complexée – T'as pas l'impression que j'ai grossi ?

Oui, peut-être. Non, je ne sais pas. Répliques autodestructrices génératrices de cataclysme. « Oui, peut-être » appelait un « Ah bon, tu me trouves grosse ? » Tandis que « Non, je ne sais pas » précédait un percutant « De toute façon, tu t'en fous » ou bien « De toute façon, tu ne me regardes pas ». Oui, c'est vrai qu'il s'en foutait, et qu'en homme intelligent, il ne réduisait pas notre séduction à une paire de fesses.

4. Horloge pointeuse – Ta plus longue galipette, elle a duré combien de temps ?

« Pffff ! » Quand il faisait semblant de réfléchir, on prenait cela pour de la modestie, ou le vague souvenir lointain d'une prouesse accidentelle. Non, c'était simplement du flair : pour éviter la comparaison.

5. Curieuse – Tu as déjà été avec plusieurs filles à la fois ?

Sous-entendu : es-tu de nature fidèle ou une espèce de poulpe du rencard ? La femme mûre s'amuse des expériences passées de son homme qui, les années de complicité aidant, se remémore les détails croustillants de ses aventures enterrées qu'il n'hésite plus à livrer.

6. Castratrice – Avec ton ex, qui a rompu en premier ?

La réponse permettait d'être étiqueté « bourreau » ou « martyr ». Évidemment, le martyr était jadis plus sécurisant à nos yeux, nous laissant l'espoir de figer nous-mêmes la longévité de notre roman balbutiant. La perspective de se faire larguer s'estompait et nous recommencions à délirer sur l'avenir. Admettons-le : à trente ans, nous étions chiantes !

7. Pondeuse – T'aimerais avoir des enfants, plus tard ?

Sous-entendu : « Avec moi, parce que moi, j'en veux. » Ils sont faits, les enfants. Et ils sont mêmes devenus autonomes. Nous voilà débarrassées des cicatrices d'épisiotomie, des maîtresses d'école jouant les psychiatres et du collier de macaronis pour la fête des Mères.

On les a désirés, choyés, élevés. On les a maudits certains jours, frôlant même l'infanticide les nuits de poussées dentaires, et c'est une récompense de profiter ensemble, après tant d'années, du bonheur de les voir construire leur propre vie… ailleurs !

8. Acoustique – Tu m'écoutes, quand j'te parle ?

Question idiote qu'une femme mûre ne pose plus.

Nous le répétons : un couple se comprend sans avoir besoin de parler. Une fois les grandes explications passées, l'heure est à la douce complicité d'un regard. Pour une jeune femme survoltée, parlant beaucoup en agitant ses mains, le fait de ne pas être interrompue par des questions est suspecté d'inattention. Non, il n'écoute pas toujours. C'est vrai. Et alors ? Nous aussi ça nous arrive…

9. Angoissée – T'as déjà eu envie d'une autre ?

Espérons-le pour lui ! Sauf à attendre des confessions coquines, la femme mûre ne pose pas la question…

Lorsqu'elle se lâche, la femme jeune, elle, transforme un simple aveu en statistique. Lequel a-t-il déjà osé répondre

« Bien sûr, nigaude. Statistiquement, un homme a au moins dix-huit pensées sexuelles par jour » ? Ce score ne faisait pas de Monsieur un obsédé, mais son cerveau reptilien tirait la sonnette d'alarme : « Fais gaffe, tais-toi. » D'où sa réponse négative « Ben non, jamais », accompagnée d'un air outré.

Bah… les années ont passé. Ce que nous connaissons nous a construits, et ce que nous ignorons a tout intérêt à rester aux oubliettes. Et vous, n'avez-vous jamais eu envie d'un autre ? Même pas en rêve ?

10. Sceptique – Tu crois qu'on peut rester toute sa vie avec la même personne ?

N'est-ce pas, justement, ce que nous sommes en train de réaliser ? Avec une jeune conquête, l'intérêt de répondre « oui » était manifeste ; cela existait, donc on y croyait. Ce qui n'impliquait pas pour autant de précipiter la signature d'un CDI. Combien d'hommes, aujourd'hui, envoient balader leur compagne historique pour se vautrer dans une nouvelle vie ? Très peu, en réalité. Logique : un guidon de Vélib' tout neuf est moins stable qu'un déambulateur.

11. Tatillonne – Ton histoire la plus longue, elle a duré combien de temps ?

Si c'était trois semaines en comptant large, il valait mieux feindre un bug, toute relation de plus d'un an étant encourageante pour la gent féminine à la recherche du futur papa de son enfant. En effet, à l'approche des douze mois de câlins, le petit cœur chaviré des jeunes

MÛRE ET PHILOSOPHE

Les ronces recouvrent le chemin de l'amour quand on ne l'emprunte pas souvent.

femmes imprime un bordereau de faisabilité : aborder mielleusement le sujet ? Oublier innocemment sa plaquette de Minidril ? Poser un ultimatum ?

La femme mature se moque de ce RIB, Relevé d'impatience biologique, et pour cause : son histoire la plus longue, c'est nous !

12. Expérimentée – Tu serais d'accord pour que je te présente à mes parents ?

L'avantage avec une femme mûre, c'est qu'ils sont déjà morts ! À notre âge, en cas d'union récente, ce sont les enfants qui valident le questionnaire d'évaluation !

En effet, la présentation officielle du papa et de la maman d'une nouvelle conquête est aussi excitante que scanner un document. Il fallait être très, mais très amoureux pour endurer l'épreuve du lapin aux pruneaux servi dans la porcelaine des jours de fête et l'odeur des meubles de famille fraîchement cirés pour l'occasion. Monsieur se souvient encore qu'il avait eu l'impression de repasser l'oral du bac. Plus jamais ça ! s'était-il promis sur le retour, tandis que sa prunelle, guidée par une seizième pensée sexuelle[1], promettait un troussage à la hussarde.

13. Chiante – Je te manque, quand je ne suis pas là ?

Impossible de répondre autrement que par « oui », afin de se garantir une fin de soirée paisible. Les adeptes de ces questions imbéciles n'hésitent pas à faire des suçons dans le cou de leur amoureux, histoire de baliser leur territoire et de décourager le gibier.

1. Voir plus haut.

Seule la maîtresse d'un homme marié prendra garde à ne laisser aucune griffure dans le dos de son chéri. Dans le cas contraire, cela s'appelle un « indice volontaire », et c'est le début des embrouilles.

Combien de copines avons-nous vues élaborer des plans pour faire mariner leur jules? Toutes les stratégies les plus basses ont fleuri dans leur petit cœur frustré: ne pas répondre au téléphone, pour l'inquiéter. Le larguer, pour le pousser à rompre avec la compagne historique. Pleurnicher doucement, pour le faire culpabiliser. Se bigner en scooter, pour voir s'il se précipite à son chevet à l'hôpital...

Oui, l'homme se passe très bien de ces postures calculées.

14. Indécise – Je mets la rouge ou plutôt la bleue ?

Une femme mûre sait ce qui lui va, ne quémande pas plus l'avis de son homme que celui d'une vendeuse Zara. S'empilent dans sa garde-robe des vêtements fétiches, qu'elle porte parfois comme un rappel coquin: telle robe, qu'on avait déchirée en rentrant d'un cocktail, tel string jeté en l'air, à moitié fondu sur le capot brûlant de la voiture.

15. Menteuse – Machine se marie à l'église. Tu ne trouves pas ça ringard ?

Sous-entendu: tu serais plutôt pour le Pacs, simplement la mairie ou la totale, avec pièce montée et soirée dansante ? Ni l'un ni l'autre ! Il serait plutôt « pour » une femme douce, fidèle, qui accepte ses potes et ses défauts.

Mais même après 50 ans, la fascination du mariage à l'église peut persister. La difficulté, c'est qu'il faut y mettre le prix. Pour ne pas tomber dans la cérémonie ringarde, il faut aligner les zéros sur le chéquier, car on ne peut se contenter d'une petite cérémonie au foyer rural avec plateau repas et assiettes en carton. Et comme les beaux-parents sont sûrement déjà morts, ils ne paieront pas la robe ! Alors faute de se retrouver au bras de George Clooney ou de Thierry Ardisson (deux mariés de fraîche date qui ont retrouvé l'espoir en 2014), soyez prévoyantes et inventives…

16. Cupide – C'était sa bague de fiançailles, le gros diamant qu'elle porte, ta mère ?

Appel du pied discret pour savoir si, dans cette famille, on joue la carte tradi à fond.

Une trentenaire s'attache à tous les cadeaux, mais surtout aux symboles. À ses yeux, la manière d'offrir compte autant que le présent lui-même : un caillou à facettes plongé dans une flûte de champagne est une promesse officielle et romantique.

La femme mûre ne prospecte plus les marques d'attachement dans les offrandes ; se réveiller ensemble est un cadeau de la vie. Mais bon, cela dit, un petit carat pour fêter nos 50 ou 60 ans sera aussi très bien vu…

LES 10 COMMANDEMENTS

- Ton périnée tu muscleras
- Zizi et Minette souvent tu apparieras
- Ton homme tu valoriseras
- Tel qu'il est tu l'accepteras
- Sans l'étouffer tu le materneras
- Vos fantasmes cachés tu découvriras
- Des projets tu élaboreras
- Le train-train tu combattras
- Votre indulgence mutuelle tu cultiveras
- De toi et de vous deux tu t'occuperas

5

JE T'AI RENCONTRÉ SIMPLEMENT

Tout le monde n'a pas la chance de pouvoir avancer un record de longévité de couple… Tout le monde n'est pas en train de préparer son trentième anniversaire de mariage… Il y a aussi des jeunes mariés de 50 ou 60 ans, et ceux-là ont inévitablement commencé une histoire après le cap redouté de la cinquantaine…

Quelle leçon en tirer ? La première, c'est qu'on peut aborder la seconde partie de sa vie (après 50 ans) le cœur plein d'espoir et de projets… La seconde, c'est que réussir une aventure à deux en seconde mi-temps nécessite quelques dispositions.

Pour celles qui ne sont pas en train de fêter leurs noces d'or ou de diamant, il convient de garder la tête froide…

La rencontre proprement dite ne peut pas être planifiée… Vous pouvez tout à fait retrouver les bras d'un amoureux de toujours (regardez Macha Méril et Michel Legrand !), vous pouvez aussi tomber sous le charme de votre voisin de table au dîner de mariage de votre vieille amie (quel que soit l'âge ou le milieu, c'est lors des cérémonies de mariage que le plus de couples se forment… Pensez-y avant de décliner…).

Et par ailleurs, ce n'est pas la même chose de retrouver un ancien volcan… dont on a gardé le souvenir précis des éruptions… et de rencontrer un fringant quinqua, sexa ou sextup que l'on n'a connu que, comment dire… apaisé… La retrouvaille implique que l'on a toujours en mémoire l'image du beau jeune homme svelte chevelu et motard, alors que la découverte demande l'effort de l'imaginer en son âge d'or… Encore que, certains beaux « vieillards » ont été affreux à 40 ans. Ne réclamez pas de photos de lui « avant », on ne sait jamais. Et puis, il faut bien qu'il y ait un avantage à mûrir.

En tout état de cause, retour vers les futurs ou nouveaux territoires, commencer une histoire d'amour la cinquantaine venue demande un état d'esprit et un état des lieux.

N'oublions pas que les odeurs et manies d'autrui sont difficiles à supporter à tout âge, *a fortiori* à un âge certain ! N'ayant pas vieilli ensemble, nous n'avons pas les mêmes travers. Nos charmantes manies et nos petites habitudes peuvent devenir insupportables :

- Il entasse ses journaux sur la table de chevet, elle sa collection de timbales en argent sur la table du salon.
- Elle aime les fleurs artificielles, il trouve que ça fait cimetière.
- Il laisse traîner ses espadrilles au pied de l'escalier, elle pense que ça fait camping.
- Elle aime la tombée du jour, il adore méditer à l'aube.
- Il aime vivre dans un joyeux bazar, elle préfère son intérieur rangé au cordeau.

• Elle aime boire son café au lit, il préfère un thé vert debout, pieds nus.

Eh oui, on a pris au fil des ans des habitudes qui ne se partagent pas forcément… Le diable se niche dans les détails ! Comme déambuler en tenue d'Ève chez soi… Ève, c'est charmant à 20 ans, passable à 30, inacceptable après 50 ans, même favorisée par la nature.

Voici quelques recettes à garder en tête pour éviter faux pas et faute de goût.

On évite :

• l'haleine fétide du matin. *Astuce*: toujours garder sous l'oreiller pastille ou spray !

• déambulation nudiste. *Astuce*: déshabillé vaporeux, saut du lit en soie. Le coton peut aussi faire l'affaire ;

• le tee-shirt de nuit informe, avec inscription ridicule. *Astuce*: on trouve de très belles chemises de nuit longues chez Etam comme chez La Perla ;

• les désordres de célibataire : chaussures abandonnées dans l'entrée, vêtements entassés, cendriers pas vidés, etc. ;

• le ménage approximatif : salle de bains envahie de flacons poussiéreux, brosse à cheveux saturée, brosse à dents fatiguée.

On investit dans :

• gommage, nettoyage de peau, lustrages divers, épilation ;

• réassort maquillage, poudres, vernis, déodorant, parfums légers ;

• lingerie fine, sexy et avantageuse (on jette les soutifs grisâtres et les slips aux élastiques cuits par le sèche-linge). Achat de strings une taille au-dessus pour éviter l'aspect rôti ficelé sur les hanches ;

- diagnostic esthétique chez un dermato : piquouzes, acide hyaluronique, peeling, laser sur les taches dites « fleurs de cimetière[1] », pour celles qui refusent les marques du temps ;
- coiffeur visagiste pour changer de tête (coupe ou couleur). Les cheveux longs, passé 40 ans, sont réservés aux crinières luxuriantes ;
- revue de garde-robe : on rase les cachemires boulochés, on dépose dans des containers ses joggings informes, on fait les poussières avec ses tee-shirts déteints ;
- un lot de serviettes de bain douillettes et coordonnées.

Si on a chien ou chat : on chasse le poil, on aspire, on brosse, on lustre. On évite la litière au milieu de la cuisine. Si Monsieur est allergique aux chats (ça arrive), soit on le fait désensibiliser (Monsieur, pas le chat !), soit on exile le chat chez tante Agathe dans le Gers.

Dans la chambre : on lui aménage une place dans le lit… C'est le moment de changer de literie : matelas unique ou séparé ? 160 ou plus ? Lit électrique pour lire confortablement le soir ? Investir dans une nouvelle couette et de nouveaux oreillers ?

Il faut aussi en profiter pour revoir l'éclairage… Aujourd'hui, trop de chambres n'ont pas de liseuse… Or, c'est indispensable pour les années à venir, où « vue en baisse + coucher tôt » rentabilisent très vite cet investissement ! Donc un conseil : accrocher au mur à bonne distance du matelas (environ deux mètres au-dessus du lit) une

1. Voir chapitre « Sous-vêtements, artifices… et toutes ces choses auxquelles on ne doit pas renoncer », p. 115.

longue tablette sur toute la largeur du lit. Cette dernière recevra nos objets et livres, et permettra surtout d'accrocher des lampes de lecture orientables. Notre vie est en train de changer ! On ne s'en félicitera jamais assez…

Le tri de nos affaires usagées aura probablement ménagé une place à celles de Chéri. Dans le cas contraire, on poussera nos cintres pour lui octroyer un espace personnel dans le dressing.

Dans la cuisine : on pousse nos packs de Contrex pour empiler ses flacons de vin à garder. On observe avec aménité le coupe-frites de sa grand-mère et le tire-bouchon Zigzag de son enfance.

> Le bon compagnon de lit se choisit pendant qu'il fait jour.
>
> Proverbe suédois

QUESTIONNAIRE ABSURDE

Rayez la ou les mentions inutiles

Quel genre de femme raisonnable êtes-vous devenue ?

– Je ne fume plus.

– Je ne bois plus.

– Régulièrement, je m'astreins à jeûner (ne pas confondre avec consommer du jeunot !).

– J'ai renoncé aux produits laitiers.

– Je ne m'expose plus au soleil de façon inconsidérée.

– Je suis descendue de mes escarpins de 12 cm.

– Je choisis l'escalier plutôt que l'ascenseur (mouais… pas plus de deux étages).

– Depuis que j'ai lu que les couples faisant souvent l'amour vivent plus longtemps, j'ai le projet d'être centenaire.

– Je suis tellement raisonnable que j'en suis devenue rabat-joie et chiante.

– Je ne fais rien de tout cela, et d'ailleurs, je suis déjà morte.

6

MARIAGE PLUS VIEUX, MARIAGE HEUREUX

Se marier aujourd'hui, afficher sa foi en « notre amour qui durera toujours », sangloter sur la *Marche nuptiale* de Mendelssohn[1], c'est faire preuve d'une audace digne des plus grands aventuriers. Tant le mariage est devenu une aventure liée aux soubresauts irraisonnés de l'affectif !

Autrefois, on ne se mariait pas par amour. Cette idée paraissait même saugrenue, et la famille se chargeait rapidement de séparer les amoureux ; le mariage était une affaire sérieuse et non une affaire de cœur ! L'union de deux êtres devait satisfaire les nécessités religieuses, agrandir ou consolider un patrimoine, des terres ou des titres. On convolait

1. Il s'agit en fait d'un extrait de *Songe d'une nuit d'été*, composé en 1843. Musique de scène pour la pièce éponyme de Shakespeare, cette œuvre n'a jamais eu la vocation qu'on lui prête aujourd'hui. Son utilisation lors d'un mariage a été inaugurée lors de la cérémonie d'une fille de la reine Victoria.

en justes noces dans le même milieu social et les princes n'épousaient des pauv' filles que dans les contes.

De ce mariage devait naître au moins un fils, afin que l'héritage, toujours transmis à l'aîné des mâles, puisse persister dans la famille. Pas question de transmettre le château ou la gentilhommière à une fille qui, sitôt mariée, déposerait sa dot dans l'escarcelle de son époux !

Les intérêts passaient donc en priorité : la passion, le plaisir et les désirs secrets étaient réservés aux crétines ainsi qu'aux prostituées.

George Sand, connue pour ses écritures et son comportement conjugal subversif, est née sous une double appartenance sociale : aristocrate par son père, roturière par sa mère. Rebelle à l'idée de se conformer aux codes sociaux et aux diktats moraux de son époque, Aurore choisit un nom d'homme, lassée que les femmes de lettres soient moquées ou peu prises au sérieux ; elle porte des pantalons, par souci d'économie et de confort dans un premier temps, puis s'étonne de l'effet qu'elle produit et y prend goût. Elle multiplie les amours tapageuses, quitte son mari trop porté sur la bouteille et la débauche, pour s'épanouir entre les bras d'Alfred de Musset, avec lequel elle échange une correspondance cochonne et savoureuse. Puis Franz Liszt la bouleverse, viennent ensuite d'autres amants et, enfin, Frédéric Chopin.

Bien que farouchement attachée à sa liberté, George Sand écrira, sans rigoler : « Il faut, je crois, qu'en se mariant, l'un des deux renonce entièrement à lui-même et fasse abnégation [...] de sa volonté, mais même de son opinion, qu'il prenne le parti de se voir par les yeux de l'autre, d'aimer ce qu'il aime. [...] Quand on obéit ainsi à ce que l'on aime : l'on fait à la fois son devoir et son bonheur. »

De quoi faire bondir les femmes d'aujourd'hui ! Après avoir poursuivi les études de notre choix, nous voici autonomes, indépendantes, changeantes. Libres ! Plus question d'être une marchandise qu'on se refile d'une famille à l'autre dans l'intérêt d'une communauté, impensable d'être soumise aux fourneaux comme au lit. Vive la pilule, un enfant quand je veux ! Vive mon traiteur, de la moussaka quand j'ai la flemme de cuisiner ! Vivent les scooters, une pizza livrée en un coup de fil !

Mais, dans un monde où tout bouge et où tout passe, voilà que cette vieille idée du mariage refait surface.

Qui se marie aujourd'hui ? Des optimistes qui convolent à 20 ans (et qui feront probablement les désespérés, divorcés de demain), des compulsifs qui se marient tous les dix ans, et surtout désormais des assagis qui se convertissent après 50 ou 60 ans. De fait, depuis une dizaine d'années, le nombre de mariages après 50 ans a augmenté de plus de 20 % ; ce sont les nouveaux retraités qui ont enfin du temps pour vivre, voyager, draguer, aller sur des sites de rencontres. La nouveauté, c'est que ces couples qui se forment sur le tard, parfois même en maison de retraite, sautent le pas et se passent la bague au doigt.

Ces jeunes mariés passent souvent devant monsieur le maire pour des raisons pratiques ou financières. Et il arrive que ce soient les enfants adultes qui vivent mal l'arrivée d'un nouveau conjoint, avec lequel il faudra probablement partager l'héritage. Qu'ils sachent qu'il ne leur sert à rien d'entrer en guerre contre la nouvelle belle-mère ou le nouveau beau-père, puisque la loi prévoit désormais une protection du conjoint survivant, par une quotité disponible qui lui sera automatiquement attribuée.

Il est donc temps de réhabiliter le mariage. Cette vieille institution bourgeoise que nous avons nous aussi critiquée comme le symbole même de l'aliénation lorsque nous revenions des séjours à Woodstock ou dans le Larzac (selon les moyens ou l'âge de chacun).

Habités par les mouvements protestataires et libertaires, revêtus de fleurs et étourdis par les vapeurs d'encens, entre autres, nous[1] *écoutions Joan Baez, Bob Dylan et autres héros du folk en rêvant de rejoindre le milieu bohème de Greenwich Village. Nous aussi nous voulions prendre la route avec Jack Kerouac ou Allen Ginsberg et habiter dans des tipis revêtus de peaux de moutons brodées achetées dans les montagnes afghanes qui sentaient très fort et devaient nous conduire à aimer sans contraintes.*

En 1967, au Golden Gate Park de San Francisco, 40 000 manifestants hippies couvrent de fleurs les policiers lors de la manifestation «Peace and Love». Les modèles de contre-culture s'incarnaient dans les communautés californiennes qui pratiquaient sans réserve «sex, drug and rock' n' roll».

Avant les mouvements de mai 1968, la «beat generation» *aux États-Unis montrait le chemin. En France, la libération des mœurs, la révolution sexuelle, et surtout l'arrivéed'une nouvelle génération de baby-boomers à l'université secoue durablement les vieilles institutions, «interdit d'interdire», «jouir sans entraves»,*

1. Isabelle, née dans les années soixante, a observé sa sœur aînée tisser la laine de ses chèvres pour s'en faire des fringues importables et puantes. Dix ans plus tard, elles faisaient ensemble la queue aux soldes Hermès ! La maturité nous conduit vite à l'abandon d'un idéal baba cool au profit de la volupté soyeuse…

sont très très éloignées de l'idée du mariage qui est alors vécu comme la quintessence de l'aliénation bourgeoise. Si quelques-uns voient dans ce mouvement l'ébauche d'une révolution politique, c'est surtout pour la grande masse, l'envol vers la liberté, symbolisé par les minijupes, les chemises à fleurs, les cheveux longs et surtout, par la libération des corps.

En mai 68, les filles sont encore minoritaires dans les manifestations, sur les barricades, mais surtout sur les tribunes. Elles vont tout de même lancer un grand mouvement de revendication féministe et déjà marquent ce talent particulier à s'exprimer sur le ton de l'humour en se rendant à l'Arc de triomphe pour déposer une gerbe sur la tombe de la femme du soldat inconnu, rappelant qu'en France, une homme sur deux est une femme.

Le temps passé a apaisé nos revendications et nos inquiétudes, nos pépères aussi en ont bavé, on le sait. Jouir sans entraves, c'est bien joli, mais il arrive un temps où de toute façon, il faut s'occuper des notes du petit dernier ou du Parkinson de ses parents. Et avec le temps, comme le chantait Léo Ferré, le cœur quand ça bat plus, c'est pas la peine d'aller chercher plus loin, faut laisser faire et c'est très bien.

Donc nous avons appris à profiter du bonheur quand il vient, à l'attraper quand il est là, et surtout à le garder au chaud.

Et donc nous nous sommes convertis au mariage sur le tard avec l'enthousiasme des néophytes !

Car le mariage plus vieux entraîne une sorte d'obligation de résultat : après avoir fait le tour des écueils qui pourrissent le quotidien, la prudence et la sagesse des ans conduisent vers une histoire durable et sereine.

Nous avons policé nos mœurs et notre caractère, nous avons fait le tour de la vie de célibataire, nous avons surmonté les séparations d'avec nos compagnons précédents, nous avons accompagné nos parents jusqu'au cimetière… Et plagiant ce qu'Étienne de la Boétie a décrit en 1574 dans le *Discours de la servitude volontaire*, nous pouvons dire que l'amour de la relation s'est substitué au désir de liberté !

Alors préparons-nous pour le mariage, organisons nos noces sans compter, car ce sera peut-être aussi la dernière grande fête que l'on pourra se payer et qui rassemblera tous nos amis, et toute la parentèle. Bref, tous ceux que désormais nous ne retrouvons plus guère qu'aux… enterrements !

QUESTIONNAIRE ABSURDE

Rayez la ou les mentions inutiles

Je vendrais mes gosses contre…

– L'American Express Centurion (noire, en titane, à débit illimité, surclassement systématique en avion).

– Une suite à l'année dans un palace (Paris, Londres, NY, Venise).

– Un chauffeur attitré pour conduire ma Smart, à défaut d'une limousine.

– Une nuit blanche dans la chapelle Sixtine.

– Une maquilleuse et un coiffeur pour tous les jours.

– Un pass d'accès aux archives de la Bibliothèque nationale.

– Du personnel de maison à plein temps.

– Une sieste dans la chambre de Marie-Antoinette à Versailles.

– *Cosi Fan Tutte* à la Scala de Milan, juste pour moi !

– Un remake de notre première nuit d'amour, quand Chachat pétait la forme.

– Une journée où je serai totalement invisible.

– Le don de voir l'avenir.

7

COMMENT JE SUIS DEVENUE TA MÈRE, EN MIEUX (LETTRE À MON HOMME)

Mon Amour,

Je te connais sur le bout des doigts ; la moindre plaque rouge m'alerte. Je respecte l'hygiène alimentaire conseillée par ton médecin, je veille à ton look, j'apprécie tes copains, je t'aime et je te fais jouir. Mais, mais, mais… Comment suis-je devenue ta mère en mieux ?

D'abord j'ai observé ma mère, et puis la tienne. Et aussi celle des autres couples de notre âge. Programmées pour devenir de parfaites épouses modèles, suivant à la ligne les consignes domestiques, ces mamans sont mortes pétries de remords, leur vie affective frustrée et faussement exaucée par une servitude à peine consentie.

Ce ne serait rendre service ni à toi ni à notre couple que de glisser vers le régime de la frustration, même voulue. Dès lors, un seul chemin s'impose : celui de l'analyse critique et non pas de la servitude ! (On est lettré tout de même : à moi Descartes, à moi La Boétie !)

Nos mères, passées de la tutelle de leur père à celle de leur mari, étaient peut-être heureuses dans cette existence peuplée de morveux agrippés à leurs jupons (ton frère et toi), affublées d'époux qui les regardaient à peine (mon père, ce zéro au sourire si mou[1]). C'étaient les années quarante, cinquante ou soixante. L'homme se réalisait dans l'exercice de son métier, tandis que l'épouse veillait au confort du foyer alimenté par les revenus qui lui étaient confiés, qu'elle était chargée de dépenser avec circonspection et parcimonie.

C'est fini ! On n'en veut plus. Tu trouveras ci-joint une relecture du manuel de la bonne ménagère, corrigé par mes soins et dont tu peux tirer le plus grand profit.

Manuel scolaire d'économie domestique[2] (de nos mères)

CONSIGNES POUR LE MATIN :

> *Remontez le réveil afin d'être debout avant lui le matin. Cela vous permettra de tenir sa tasse de thé du matin à sa disposition lorsqu'il se réveillera.*

---

1. Victor Hugo, dans le bouleversant poème « La Bataille », décrit son père, « ce héros au sourire si doux », lui ordonnant d'abreuver un soldat qui vient de lui tirer dessus.

2. Il va sans dire que ce manuel (publié en 1960 !) était uniquement destiné aux jeunes filles, programmées pour servir Monsieur, le masser dès son retour du bureau, lui ôter ses chaussons et s'agenouiller à la demande ! Regrettant ce *bon vieux temps*, certains machos fraîchement largués affirment que l'Éducation nationale est responsable de l'augmentation des divorces, puisque nous ne sommes plus disposées à la soumission que préconisait cet ouvrage hilarant.

Bon, ça, on oublie. En revanche, j'apprécierais que tu proposes spontanément de me porter le café au lit. Tu verras: j'ai investi une partie de mon salaire dans l'achat d'un stock de café du commerce équitable et d'une machine Krups programmable, garantissant douze tasses maintenues au chaud. Et comme je suis bonne fille, parfois c'est moi qui te préparerai un croissant chaud!

Débarrassez vite la table et faites la vaisselle.

Si votre mari propose son aide, déclinez son offre car il risquerait de se sentir obligé de la répéter par la suite [...].

Moi, rationnelle: comme notre cuisine est assez étroite, je préfère te laisser débarrasser tes reliefs toi-même, afin de ne pas rester dans le passage. Et puis surtout, c'est si amusant de remplir le lave-vaisselle. Et tu aimes tellement ranger tous les couverts comme il faut dans leur panier.

Consignes pour la journée :

Encouragez-le plutôt à se consacrer à ses passe-temps favoris, et montrez-vous intéressée sans toutefois empiéter sur son domaine.

Si vous avez vous-même des petits passe-temps, faites en sorte de ne pas l'ennuyer en lui en parlant, car les centres d'intérêt des femmes sont souvent assez insignifiants comparés à ceux des hommes.

Tes passe-temps favoris n'ont guère évolué depuis des millénaires: tout ce qui roule, vogue, fait vroum-vroum ou pan-pan te fait dresser la tête tel un épagneul qui a levé un faisan. Je te laisse jouer mon chéri, pendant que moi, insignifiante, je m'abstiens de t'abrutir en te faisant lecture de ma thèse sur la teneur en natron chez les animaux pétrifiés dans le lac éponyme comparée à celle des momies du Prédynastique et du IIIe millénaire de l'Égypte, parce que je me rends bien compte que c'est un passe-temps de crétine. Je balaie également mes considérations sur l'actualité économique et sociale, comme je t'épargne le contenu de mes réunions plénières du mardi, desquelles je ressors généralement les bras chargés de dossiers dérisoires.

Consignes pour le début de soirée :

Faites en sorte que le dîner soit prêt, lorsque votre mari rentre du travail. [...]

La plupart des hommes ont faim quand ils rentrent à la maison, et la perspective d'un bon repas fait partie de la nécessaire chaleur d'un accueil.

Moi, fin cordon bleu: je vais filer chez Picard acheter ton feuilleté aux noix de Saint-Jacques préféré et je me suis fait livrer une caisse du vin de Bourgogne, que tu avais tant apprécié au mariage du fils de ton patron (mais si, rappelle-toi ce mariage ultra-barbant). Si je sors trop tard du travail, je t'invite au restaurant. Mais promis je n'aurai pas la mesquinerie de garder la note pour me faire rembourser en frais professionnels.

Pour la « nécessaire chaleur » de l'accueil, j'ai monté le chauffage, envoyé les mômes dormir chez leurs cousins et j'ai aussi disposé des peaux de mouton devant la cheminée. Ben oui, j'avais peur de m'enrhumer en nuisette...

Rangez le désordre; faites un tour des principales pièces de la maison, juste avant que votre mari ne rentre.

Rassemblez les livres scolaires, rangez les jouets, classez les papiers, etc.

Et passez un coup de chiffon à poussière sur les tables.

Moi, pas Conchita: nos ados peuvent parfaitement ranger eux-mêmes leurs cahiers avant le dîner. Ils doivent également perdre l'habitude de laisser leur skateboard dans l'entrée, ce qui nous éviterait de buter dedans. Quant au classement des papiers, j'ai compris depuis belle lurette que nous n'avions pas le même concept de l'ordre en tête: tu aimes le fouillis, je m'y suis habituée. Pour être franche, je m'en fiche un peu. Les intérieurs rangés comme une chambre de premier de la classe m'ont toujours semblés sans vie et déprimants. Pourquoi pas des patins dans l'entrée, aussi?

Il se peut que vous ayez une douzaine de choses importantes à lui dire, mais son arrivée à la maison n'est pas le moment opportun.

Laissez-le parler d'abord, souvenez-vous que ses sujets de conversation sont plus importants que les vôtres.

Moi, 7 d'or de la meilleure interview: je me rappelle toujours ce que tu me racontes, j'opine du chef lors de tes récits, je hausse un sourcil quand je suis étonnée. Je reconnais que l'écart de prix entre les courroies de transmission est incroyable, et que retrouver de la limaille de cuivre dans un bas moteur, c'est dingue. Je pencherais pour le vilebrequin, si tu veux un avis moins important que le tien...

Ne vous plaignez pas s'il est en retard à la maison, ou même s'il reste dehors toute la nuit. Considérez cela comme mineur, comparé à tout ce qu'il a enduré dans la journée. Proposez-lui d'aller se détendre dans la chambre à coucher.

Préparez-lui une boisson.

Arrangez l'oreiller et proposez-lui d'enlever ses chaussures.

Alors là, ça va pas être possible… Je veux bien être patiente et compréhensive, mais à quelques conditions. Quand on rentre tard, on prévient; quand on découche, on trouve une excuse plausible, et on ne se livre jamais à ce genre d'exercice plus d'une fois par an pour rester crédible… Ces précautions respectées, je veux bien jouer à Mary Poppins le lendemain matin en te préparant la potion magique: le citrate de bétaïne. Parce que si tu n'arrives pas à te relever le matin, cela veut dire que tu es rentré ivre mort.

Ne lui posez pas de questions sur ce qu'il a fait et ne remettez jamais en cause son jugement.

Souvenez-vous qu'il est le maître du foyer et qu'en tant que tel, il exercera toujours sa volonté avec justice et honnêteté.

Moi, amusée: je ne me permettrais jamais de remettre en question ton jugement, parce que tu es suffisamment intelligent pour t'apercevoir tout seul que tu viens de dire/faire une ânerie dont je n'ai pas le monopole. J'ai atteint le degré de sagesse d'un bouddha pour savoir attendre le bon moment d'une discussion sans te ridiculiser. On s'en charge mieux soi-même.

CONSIGNES POUR LE LIT :

En ce qui concerne les relations intimes : il est important de vous rappeler vos vœux de mariage et que vous devez lui obéir.

S'il estime qu'il a besoin de dormir, qu'il en soit ainsi.

En toutes choses, soyez guidée par les désirs de votre mari et ne faites pas pression sur lui pour provoquer ou stimuler une relation intime.

Moi, organisée : je jure solennellement de ne pas te violer les soirs où tu préfères t'endormir devant la télévision. Je me lèverai sur la pointe des pieds pour prendre mon petit vibromasseur, et je mordrai le traversin pour que ma jouissance ne te réveille pas.

Si malencontreusement je perturbais ton sommeil, et que tu me prenais sauvagement, je promets de ne pas refuser ce quatrième orgasme que tu m'offriras.

Si votre mari suggère l'accouplement, acceptez avec humilité. [...]

Rappelez-vous que le plaisir d'un homme est plus important que celui d'une femme.

Lorsqu'il atteint l'orgasme, un petit gémissement de votre part l'encouragera et sera tout à fait suffisant pour indiquer toute forme de plaisir que vous auriez pu avoir.

Moi, inclassable : si tu suggères l'accouplement, je suis d'accord ! J'accepte sans humilité ni retenue. Tout mon être applaudit, mes lymphes frissonnent.

Je ne considère pas ton plaisir plus important que le mien, d'ailleurs j'ai constaté que c'est MA jouissance qui déclenche la tienne. Quant au « petit gémissement » suffisant, j'ai remarqué que tu aimes bien m'entendre crier de plaisir. Moi je veux bien essayer le *faible miaulement* dans le Sonotone, mais est-ce que tu m'entendras, dis ?

Si votre mari suggère une des pratiques les moins courantes, montrez-vous obéissante et résignée, mais indiquez votre éventuel manque d'enthousiasme en gardant le silence.

Il est probable que votre mari s'endormira alors rapidement.

C'est quoi d'abord, « une des pratiques les moins courantes » ? La fellation ?

Et quand on recommandait à ces femmes des années soixante de garder le silence, c'était pendant l'occupation ?

Mon amour, j'essaie de t'imaginer déçu, tourné sur ton petit côté opposé à mon silence. Ces silhouettes frustrées allongées l'une près de l'autre ne nous ressemblent pas. Nous avons toujours quelque chose à nous dire, nous avons découvert nos propres désirs au fil des ans, et la perspective d'une soirée chômée côté zizi et minette n'est qu'un élan pour aller plus loin demain.

Vois-tu comme je suis devenue sage, tendre, attentive, mûre et sensuelle. Je suis devenue la femme idéale. Non, c'est faux : je suis mieux.

Tu en as de la chance, d'être aimé d'une femme comme moi…

8

L'ART DE RÉGLER AVEC DIPLOMATIE LES PETITS DIFFÉRENDS

Le diable se niche *aussi* dans le langage.

La communication, grande fierté de notre XIXe siècle, permet aux populations de correspondre sans limite de temps ni de prix. Pourtant, il n'a jamais été aussi compliqué de se comprendre et de faire durer une histoire d'amour.

Étonnante époque que la nôtre, dite de « communication » – où le pronostic vital d'un couple est passé de sept à trois ans ces vingt dernières années. Ce phénomène de société a donné naissance à de nombreux sites de rencontres saturés de divorcé(e)s ou séparés, trentenaires échaudés, déjà tremblants de finir leurs vieux jours seuls, après une succession d'histoires décevantes.

De nos jours, un couple qui dure traverse quatre étapes fondamentales :

- la fusion : les balbutiements de son histoire ;

- la fragmentation : la découverte des choix de l'autre, de ses goûts différents ;
- l'exploration : le repérage des limites, l'apprentissage des désirs mutuels ;
- la complicité : l'entente et les aménagements selon la nature de chacun.

Si aujourd'hui, on jette à la poubelle le moindre objet usé ou démodé, il en va de même au sein des couples qui envisagent l'emploi d'un avocat aux premiers mots de travers. Exactement comme on bazarde une paire de chaussures qu'on pourrait faire ressemeler, un téléphone qu'on pourrait faire réparer au lieu de se précipiter sur un nouveau modèle, en signant aveuglement un contrat de réengagement.

On divorce promptement, on tente de rassurer les enfants en leur promettant que cette nouvelle vie ne changera presque rien, « Papa et Maman t'aimeront toujours, et blablabla. Tout ira bien mon Chouchou, tu verras ! », avec autant de facilité qu'on meurt dans un jeu vidéo. « Mince, j'suis morte ! Pas grave, je recommence une partie ! »

Comment en sommes-nous arrivés à changer de partenaire aussi rapidement ? Tout ça, c'est la faute à l'amour et à notre liberté d'aimer…

Question d'époque[1] !

Comment faire, à présent, pour concilier nos vies en couple, alors que les intérêts qui nous bâillonnaient autrefois n'existent plus ? Comment tenir le coup, puisque nous

1. Voir chapitre « Mariage plus vieux, mariage heureux », p. 51.

sommes libres et que de cette liberté provient notre chaos ? Commençons par soigner notre langage !

Le poids des mots, le choc du râteau

Si nous savons trouver les mots justes pour rassurer un enfant, nous devrions aussi apprendre à formuler des phrases qui apaisent les conflits du couple. Communiquer, c'est comme conduire dans Paris : le vocabulaire est plus utile que la méthode.

Les petits discours qui commencent par « tu » ou « ton » sont perçus comme offensifs. Entendons bien la différence : *ta mère, ta voiture, ton fils, ton chien, tes mégots...* sont forcément accusateurs. À la suite de ces mots s'enchaînent rarement des chapelets d'amabilités.

– *Tu as baissé le chauffage ?* sous-entendu : « C'est ta faute si je me les caille ? »

– *Tu as changé l'ampoule du salon ?* c'est-à-dire « As-tu accompli ta tâche minimum qui est de faire un peu de bricolage ? »

– *Tu as réservé les billets de train ?* sous-entendu « J'ai passé l'âge de voyager assise sur ma valise. »

Alors, afin de construire une discussion riche, au cours de laquelle chacun peut exprimer ses sentiments sans se sentir plaqué au mur, la femme voluptueuse, diplomate et réfléchie optera pour une conjugaison salutaire.

Commençons les exercices dès maintenant :

– On ne dira plus « Ta mère », on préférera « Ta maman ».

– On ne dira pas non plus « Ta maman est de plus en plus chiante », mais « Elle décline ».

– On ne dira plus « Tu roules trop vite », mais « J'ai peur de la vitesse ».

– On ne dira plus « Tu m'énerves », mais « Je suis un peu tendue ».

– On ne dira plus « Tu m'écoutes quand j'te parle ? », mais « Arrête-moi si je radote ».

– On ne dira plus « Tu devrais consulter pour l'andropause », mais « Tu sembles fatigué en ce moment ».

– On ne dira plus « T'as pas un peu grossi ? », mais « Je te sens essoufflé ».

Intelligemment, la femme voluptueuse n'usera du « tu » que pour des propos positifs :

– Tu crois qu'on peut inviter les Smith et les Castel ensemble ?

– Tu sens bon.

– Tu me fais toujours rigoler avec tes blagues pourries !

– Tu conduis ou je prends le volant ?

Pas compliqué !

Suffit simplement de s'y mettre…

QUESTIONNAIRE ABSURDE

Rayez la ou les mentions inutiles

Quel genre de femme « au foyer » êtes-vous ?

– Je préfère faire des heures sup' pour payer la femme de ménage, plutôt que manier l'aspirateur moi-même.

– Je remplis le réfrigérateur quand vous vous absentez quatre jours.

– Il est interdit de monter à l'étage en chaussures ; j'envisagerais même des patins dans l'entrée.

– Je ne peux pas m'empêcher de ranger lorsque je suis chez des amis.

– Je cuisine admirablement, mais je trouve toujours que mon plat est raté.

– Je cuisine abominablement, mais la politesse de mes amis m'encourage à persister.

– J'enjambe les tas de vêtements de mon Chachat sans sourciller. Son bordel ne me gêne qu'au-delà d'une certaine limite.

– J'aime l'ordre. Mon logement est bien rangé et propre à toute heure. Je fais mon lit le matin, je rince ma tasse à café avant de partir travailler.

– Les seuls éléments bien rangés de la maison sont mes accessoires de contrainte SM, mes godemichés et mes culottes fendues. On ne laisse pas traîner les détails de sa sexualité.

> Avec Françoise, nous partageons les tâches à la maison : j'apporte la poussière, elle nettoie !
>
> Jacques Dutronc

9

LA MÛRE DES LAMENTATIONS

Le danger, il faut le reconnaître c'est que l'assurance venant avec l'âge et l'impatience aussi, on peut rapidement virer à la donneuse de leçons acariâtre.

C'est le piège évidemment, devenir la caricature de ce que nous détestons, celle qui connaît tout, sait tout.

Comment ne jamais devenir aigrie ? Comment échapper à « la mûre des lamentations » ? Avec un peu d'hygiène mentale et beaucoup de vigilance…

On perd l'habitude de gémir sur le passé :

– J'ai eu mon bac en… 1978. Nan, 80. Ça valait encore quelque chose.

– Non, je n'ai jamais connu le chômage. Mais on savait travailler !

– Tu n'imagines même pas ce qu'était Woodstock, ou Avignon avant…

On évite les commentaires acides sur la jeunesse alentour:

– Moi, j'ai toujours mis un point d'honneur à ne pas dépendre de mes parents.

– À ton âge, j'étais déjà diplômée, autonome, chef…

– Ralala, ils n'écoutent que des musiques de naze à la radio…

On ne dispense ses conseils avisés QUE sur demande:

– Ne recherche pas une relation durable à ton âge. Une vie, c'est long ! Tu verras…

– Ah bon ? Tu as choisi un futon pour dormir ? Mais c'est moche et inconfortable !

– Tu ne devrais pas te teindre les cheveux en roux : ça fait quelconque.

On fait une liste des réflexions interdites:

– J'ai besoin de quarante-huit heures de récupération si on sort.

– La maison est bien placée. Et elle est juste à côté du CHU.

– Tu as pensé à une concession perpétuelle ?

On évite les réflexions désobligeantes à Chéri:

– Trop drôle, la photo ! T'avais encore des cheveux, là…

– Ta pauv' maman… Remarque elle avait quand même 97 ans…

– Quand je serai veuve…

Vous avez compris l'idée ? Alors on vérifie son niveau de lamentation en effectuant le test suivant.

TEST DE LA « VIEILLE ROMBIÈRE »

Question 1 : À la maison, vous rentrez le soir et saluez tout le monde d'un « bonjour ! » enthousiaste. Personne ne répond…

A) Bon, en fait, il vous arrive régulièrement d'oublier de dire « bonjour » le matin. Généralement, vous attendez d'avoir bu votre café pour faire la bise à la maisonnée. Rien de grave, donc.

B) Vous répétez « bonjour » d'un ton péremptoire et enchaînez directement avec une réflexion du genre : « Ça vous tuerait de me répondre ? »

Question 2 : Au dîner, un invité propose une sortie en boîte de nuit…

A) Ouaiiis, allez, on y vvaaa ! Hein ? Il y a des jeunes ici ? On les emmène tous ! On leur montrera comment on danse ! La teuuuf !

B) Euh… Vous êtes fous, nan ? Les boîtes, ça n'ouvre pas avant 23 heures, si mes souvenirs sont bons. Je s'rai déjà au lit !

Question 3 : Vous êtes à la plage…

A) Détendue, confortablement installée sur un matelas ou un transat, vous vous prélassez en plein soleil, un bouquin renversé sur le front, et vous espionnez la foule derrière vos lunettes noires.

B) C'est infernal, cette hystérie ! Vous bougonnez. Les enfants font trop de bruit et en plus vous détestez le sable entre les orteils.

Question 4 : Pour les prochaines vacances, Chachat vous propose de partir en camping-car pour un *road trip* en Europe pendant quinze jours…

A) Génial. J'adore ! J'en rêvais depuis des années. Il y a des modèles top confort façon Robert de Niro en vacances ! C'est super !

B) Un camping-car ? Et pourquoi pas une caravane façon « camping » avec Marcel et Lucette ?

Question 5 : Chéri vous informe qu'il a invité des amis pour le week-end…

A) « Chouette, ça tombe bien, je voulais justement inviter mes copines de yoga ! » Peu importent les invités, vous adorez les ambiances festives. Chacun s'occupera comme il veut : accueillir les amis, recevoir, cela vous enchante !

B) Panique à bord ! Vous n'avez plus qu'une journée pour tout ranger et tout préparer. Et l'idée de recevoir des gens dans ce « bazar » vous est insupportable. Vous êtes un peu inquiète à l'idée de vous retrouver avec la maison pleine de monde. Et pire, lorsqu'il s'agit d'une équipe de bras cassés…

Question 6 : Pour vous, le ménage c'est plutôt...

A) Utile, mais sans plus. Vous faites le strict minimum pour que ça ait l'air propre... Mais ranger vos placards ou trier le linge, non ! Vous avez mieux à faire dans la vie.

B) La base. Pas question d'aller vous coucher sans la cuisine impeccablement rangée. D'ailleurs, vous ne supportez pas que quiconque touche ou déplace le moindre bibelot.

Question 7 : Dans le train, vous vous apercevez que quelqu'un est installé à votre place réservée...

A) Vous allez vous asseoir ailleurs, en espérant que vous ne serez pas délogée par une vieille conne qui tiendrait à s'asseoir à sa place réservée.

B) C'est votre place, vous l'aurez ! Vous lui demandez de se lever en lui conseillant de réserver la prochaine fois.

Question 8 : Au café, votre amie Béatrice est encore en retard...

A) Bah ! Vous la connaissez si bien que vous avez pris votre temps vous aussi. Et puis comme ça, vous pourrez lire vos mails ou vos messages Twitter.

B) Exaspérée par cette mauvaise habitude, vous lui envoyez un SMS pour lui dire que vous passerez la voir plus tard chez elle. Au moins, c'est elle qui poireautera en vous attendant.

Question 9 : À l'aéroport, un monsieur parle bruyamment au téléphone sans avoir l'air de se soucier des autres...

A) Vous tentez de ne pas y prêter attention. Vous-même, parfois, parlez fort et longtemps.

B) En le regardant d'un air exaspéré, vous lancez un « chuuut ! » sec et efficace. S'il persiste, vous réitérerez jusqu'à ce qu'il comprenne.

Question 10 : Lors d'une fête chez vous, une amie est complètement déchaînée ; elle parle fort et renverse son verre sur votre tapis :

A) Vous êtes bien trop joyeuse vous-même pour lui en tenir rigueur.

B) Vous la surveillez du coin de l'œil, nettoyez plus ou moins discrètement les taches sur votre tapis, confisquez son verre pour éviter d'autres dégâts ou la mettez publiquement en garde genre : « Tu t'es vue quand t'as bu ? »

Résultat : Vous avez un maximum de B ? Le cap est franchi. Vous êtes devenue une vieille rombière infernale… il est temps de vous reprendre ! Sinon, Pépère pourrait bien se faire la malle. Et les enfants aussi !

Conseil : Reprenez la lecture de cet ouvrage depuis la première page et ne faites pas semblant de comprendre.

Établissez la liste de vos défauts :

– sur un petit Post-it si vous êtes persuadée d'être formidable (ce qui constitue déjà un premier travers insupportable) ;

– sur une feuille format A4 si vous êtes honnête lors de cette introspection.

Solution :

1. Promettez-vous de remédier à chacun de vos travers d'enquiquineuse.
2. Avalez le Post-it en le mâchant bien.

3. Si vous aimez vivre dangereusement, continuez à faire suer le monde jusqu'au 31 décembre. Attendez le 1er janvier pour mettre en application vos bonnes résolutions.

4. Mettez au frais un quart champagne que vous boirez… seule. N'oubliez pas le chapeau pointu sur la tête pour faire plus gai dans votre miroir grossissant.

10

LIBERTÉ, ÉGALITÉ, FÉMINITÉ

Nous appartenons à une génération qui a vécu la révolution sexuelle, mai 68, les *women's lib.* Forcément, ça conditionne nos relations avec les camarades de notre génération. Ils en ont bien profité, et nous aussi !

Si en France, il existe une grande tolérance à l'égard des jeux de séduction pratiqués par les hommes et une certaine complaisance vis-à-vis du harcèlement sexuel, il est encore mal venu pour les femmes d'adopter un comportement de drague décomplexé. Allumeuse, hystérique, cougar, la femme séductrice est forcément prédatrice. Et pourquoi s'il vous plaît ? Pour rassurer les hommes sur leurs travers ?

Et si nous acceptons, éventuellement, des jeux de soumission, c'est parce que nous en avons envie, nous ne sommes plus des servantes des fantasmes masculins !

Aujourd'hui, nous aussi nous assumons nos fantasmes ou nos nostalgies... Laquelle d'entre nous ne s'est pas laissée aller à regarder ou à toucher accidentellement un muscle ferme en pensant : « Que de souvenirs ! » ? D'ailleurs, après quelques coupes de champagne, ne sommes-nous pas les premières à brailler devant un spectacle de chippendales ?

Alors, révisons nos classiques et cherchons quelle féministe nous sommes :

– **Françoise Héritier** : J'ai 100 ans et je théorise... J'identifie, en observant le monde, la pensée binaire qui consiste à distinguer le féminin du masculin, universellement considéré comme supérieur au féminin.

– **Simone de Beauvoir** : J'ai écrit *Le Deuxième Sexe,* mais je rabats des maîtresses pour mon vieil amant.

– **Simone Veil** : Bien qu'appartenant à une majorité de droite, je fais voter le droit à l'IGV et je me fais traiter de génocidaire, de criminelle. J'en pleure, mais je tiens bon !

– **Olympe de Gouges** : J'écris la déclaration des droits de la femme et de la citoyenne, et je meurs décapitée sur l'échafaud, en clamant : « Je lègue mon cœur à la patrie, ma probité aux hommes (ils en ont besoin), mon âme aux femmes. Enfants de la patrie, vous vengerez ma mort ! »

– **Élisabeth Badinter :** J'ai un cerveau, des convictions, et surtout les moyens de défendre les causes parfois controversées auxquelles je crois. Ce qui ne m'empêche pas d'être mère, épouse, écrivain, et femme d'affaires...

– **Marcela Iacub** : Je m'illustre par ma défense du droit à la prostitution, j'attaque le féminisme trop moralisateur. Je règle son compte au gros cochon dans un livre polémique.

– **Benoîte Groult**: Je trouve l'idée d'un titre génial[1], je tente de féminiser tous les noms communs masculins, ce qui me propulse à la postérité et me sacralise comme égérie du féminisme.

– **Françoise Giroud**: J'ai un peu honte de mes origines. Je bâtis des légendes sur mon passé, j'organise quelques arrangements avec la vérité. Je deviens pourtant une grande journaliste et un bon ministre !

– **Femen**: Russe, forcément russe, avec nattes et couronne de fleurs. Je considère que montrer mes seins partout est un acte féministe révolutionnaire. Parfois j'en fais trop. Mouvement réservé aux jeunes femmes de moins de 30 ans.

1. Benoîte Groult, *Ainsi soit-elle*, Grasset, 1975.

LA VIE EN ROSE[1], LIBREMENT ADAPTÉE

De quel type de réactions sexistes avez-vous été témoin ou victime ?

Sur le modèle des commentaires les plus sexistes recueillis en entreprise par Brigitte Grésy :

- **Libidineux** : « Je ne vous dévisage pas, je vous envisage, mademoiselle. »
- **Goujat** : « Elle est de mauvaise humeur, elle doit avoir ses règles »
- **Graveleux** : « Tu penseras à la regarder comme ça bien dans les yeux » (homme collant son nez sur les seins de son interlocutrice).
- **Réducteur** : « C'est quoi cette poupée Barbie qui vient d'arriver dans le service ? »
- **Humiliant** : « C'est vrai ce qu'elle dit ? »

1. Brigitte Grésy, *La Vie en rose*, Albin Michel, 2014. Libre adaptation pour les besoins du présent ouvrage, avec l'accord amical de l'auteur.

- **Culpabilisateur** : « Comment ça, tu es enceinte ? Je croyais que tu aimais ton travail ! »

Voici, en free style, un florilège des commentaires entendus dans le monde politique

- **Lourdingue** : « L'élection présidentielle n'est pas un concours de beauté ! » (Mélenchon pour Ségolène Royal.)
- **Réactionnaire** : « Il est préférable de ne pas débattre avec une femme. (Poutine)
- **Phallocrate** : « Qui va s'occuper des enfants, pendant que Ségolène siégera ? » (Fabius).
- **Obsédé** : « Le point G des femmes ? C'est la dernière lettre du mot shopping ! » (Berlusconi)
- **Historique** : « Liliane, fais les valises, on rentre à la maison ! » (Georges Marchais)
- **Testostéroné** : « Elle est trop douce pour ce métier. Il faut en avoir ! »
- **Castré** : « Et elle ne veut pas aussi mes couilles sur un plateau, la ménagère ? » (Jacques Chirac)
- **Décérébré** : « Le chômage pour vous, c'est moins grave, vous êtes mariée ! » (un patron de France Télé)
- **Réaliste** : « Les femmes qui veulent être les égales des hommes manquent sérieusement d'ambition » (Reiser)
- **Chiraquien** : « La femme idéale, c'est la femme corrézienne, celle de l'ancien temps, dure à la peine, celle qui sert les hommes à table, ne s'assied jamais avec eux, et ne parle pas. »
- **Égoïste** : « Que peut-il manquer à ma femme ? Elle a tout ce qu'il me faut ! » (Eugène Marbeau)

- **Empaffé** : « Il n'y a pas d'hommes impuissants, il n'y a que des femmes fainéantes ! » (Cavanna)
- **Résigné anonyme** : « Il est déjà bien triste que la plus belle femme du monde ne puisse donner que ce qu'elle a, mais si en plus elle le refuse… »
- **Mufle** : « Si la femme était bonne, Dieu en aurait une ! » (Sacha Guitry)

QUESTIONNAIRE ABSURDE

Rayez la ou les mentions inutiles

Quel genre de quiche[1] êtes-vous ?

– Il ne me laisse aucun accès à son pécule, mais je ne lui en veux pas. De toute façon, je n'ai jamais su parler d'argent.

– À son initiative, nous nous sommes mariés sous le régime de la séparation de biens, je ne suis même pas sûre que ce contrat soit assorti d'une donation au dernier vivant. Sujet tabou sur lequel je n'ose pas revenir.

– Je dépense sans compter pour gâter mon entourage. Je n'hésite pas à verser dans le pot commun les biens provenant de mes parents, et s'il le faut, je signe pour des petits boulots complémentaires.

– Je gagne plus que lui, mais il s'en fiche. Pour ménager son ego, j'évite le sujet, je le laisse payer au restaurant avec ma carte bleue.

– Je gagne moins que lui, mais j'ai un métier plus valorisant ou en tout cas plus rigolo.

> Il est bon d'être serviable, mais il faut bien montrer que c'est par estime, et non par débonnaireté.
>
> F. Bacon, *Essays*, 1625.

1. Titre qu'on aurait pu tout aussi bien remplacer par : trop gentille, gourde, andouille, trompette, niaise, nigaude, patate, godiche… Bref, telle que l'amour peut parfois et temporairement nous transformer !

– Pour économiser les frais d'aide-ménagère, afin de partir en vacances plus loin ou plus longtemps, je suis du genre à me farcir le repassage du linge pendant l'année.

– Lors d'une réunion entre amis, son ex se colle contre lui et l'accapare toute la soirée en minaudant. Je n'ose pas m'incruster dans la discussion et papillonne de mon côté, un verre à la main, l'air indifférent, mais blessée.

– Je ne me reconnais en aucun de ces profils angéliques, mais à bien y réfléchir: je lis cet ouvrage en espérant m'affirmer sans virer catcheuse.

11

MA MEILLEURE ENNEMIE

On aurait tort de penser que seules les jeunes beautés ont un potentiel de séduction implacable. Que nenni ! Certes, elles sont belles et appétissantes, mais l'expérience en matière de séduction est un atout bien plus précieux, et surtout plus durable. Ainsi, si notre mari/compagnon/amoureux tombe sous le charme d'une mûre : **alerte rouge**. Si elle a le même âge, même milieu social, mêmes centres d'intérêt : **danger nucléaire** !

Wallis Simpson et Camilla Parker Bowles ont séduit et conquis durablement des hommes de leur âge, en dépit de tous les obstacles (la couronne dans un cas, une jeune princesse déçue dans l'autre). Loin d'être dotées de visages de poupées, disons-le franchement, ces

MÛRE ET CAUSTIQUE
Tout l'intérêt d'une maîtresse est placé dans son fion de commerce !

deux femmes ont dégommé la concurrence malgré leur tête à faire peur.

Comment ? Elles ont collé leurs hommes au plafond !

Avant de divulguer leurs astuces imparables pour tomber les mecs comme des mouches, et pour mieux comprendre l'emprise que ces femmes détenaient sur ces bonnes proies, offrons-nous un petit voyage dans leur passé.

Wallis Simpson fut mariée et divorcée deux fois avant d'emballer le prince Edward VIII, couronné roi d'Angleterre en 1936. Élégante, drôle et cultivée, elle n'envisage pas de se faire ôter le vilain poireau velu qui lui pousse au menton ; les photographes de l'époque auront souvent la délicatesse de retoucher ses photos, en gommant cette disgracieuse excroissance de Carabosse.

Edward est un être fragile, soumis, obnubilé par le golf et sa garde-robe. Notoirement homosexuel, il s'illustre auprès de quelques compagnons choisis sans discernement. Une relation commune les présente l'un à l'autre. On murmure à l'oreille de Wallis « Occupe-toi de lui », sous-entendu « Guéris-le de son homosexualité », extrêmement inconvenante à la cour.

Wallis devient la maîtresse du roi. Sa maîtresse, mais pas au sens habituel du terme : elle se transforme en dominatrice, lui révélant toutes sortes de pratiques sexuelles sadomasochistes auxquelles il adhère sans moufter. Parti d'une sexualité bridée et honteuse, Edward s'éclate avec Wallis ; on évitera de fantasmer sur leur allure respectable, la couronne de traviole, à quatre pattes sur un tapis des Gobelins, tandis que claque le fouet de Maîtresse Wallis.

Le roi abdique, non par amour pour son amante, mais pour raisons politiques. La cour exige cependant que ce motif romantique soit le seul avancé, car il est plus reluisant que la cause officielle : affinités avec l'Allemagne nazie.

Et voici notre Edward (peut-être Doudou pour sa dresseuse), adulé par des Français toujours prêts à applaudir lorsque l'amour triomphe. Wallis tient son rôle à la perfection : elle détourne Doudou de ses penchants gays et le convertit au SM, allant même jusqu'à le gronder en public ou lui faire des remarques comme une mère à son vilain petit garçon. Ils s'aimeront longtemps et follement, et n'auront aucun enfant. Edward parviendra à bander aussi dru que le poireau de Wallis, ce qui, probablement, est à l'origine de leur jubilation mutuelle sur les images d'archives parvenues jusqu'à nous.

Passons à la duchesse de Cornouailles, épouse du prince Charles d'Angleterre. Plus connu pour ses oreilles décollées et ses peintures de paysages au pastel, le prince Charles est passé du statut de conjoint adultère à celui de veuf faussement accablé. Lorsque le monde entier prend connaissance des révélations de Diana, affichant sa tristesse et son désespoir d'être cocue depuis le premier jour de son mariage, chacun reste perplexe. Comment une « vieille », c'est-à-dire une femme du même âge que le prince Charles, peut-elle tenir cet homme sous sa coupe, alors qu'il est marié avec une très jeune et jolie femme ? Hé hé !

Depuis quand la viabilité d'une union se mesure-t-elle à l'aune de la beauté et de la jeunesse ? Hein ?

Lorsque Camilla rencontre Charles – lors d'un match de polo –, elle présente une allure de boy-scout, un visage ingrat et une vilaine dentition. Son père, ancien militaire, est reconverti dans le négoce en vin, sa mère, Rosalind Cubitt, est baronne. Oui, leur histoire a commencé avec humour, sachant qu'un marchand de vin épousa une *cubbitt*, en français cul-bite ou cubitainer. Miss Camilla commença par révéler au prince qu'une de ses aïeules était la maîtresse du roi… Sous-entendu : « Chez nous, on n'a pas froid aux yeux. » Éperdument amoureux d'elle, Charles est toutefois dans l'obligation d'épouser une jeune fille de bonne réputation – Diana, donc –, vierge sacrifiée sur l'autel des convenances. Timide, impressionnable, la jeune princesse va vite ennuyer son mari, qui retournera à ses premières amours plus rigolotes, Camilla. Le monde entier se gratte la tête, cherchant comment la « vieille », moche et mariée peut emballer son Charlot, à le rendre fou. « Je voudrais être ta petite culotte, non… mieux, je voudrais être ton Tampax », lui-murmure-t-il au téléphone, ignorant que le téléphone est sur écoute.

Libérés de tout engagement par leurs divorces respectifs, Charles et Camilla vivent leur passion discrètement, jusqu'à l'officialisation de leur complicité par le mariage, en 2005.

Alors, qu'ont-elles de si irrésistible, ces vioques en jupon qui collent les princes au plafond ?

1. Une stratégie d'approche, presque un rituel.
2. Une sexualité joyeuse et débridée.

Comment appâtent-elles le gros poisson ?

• Elles regardent leur proie, puis se mordent un peu la lèvre et baissent aussitôt les yeux.

• Elles parlent à voix basse, afin de se rendre inaudibles. L'homme se penche, elles se rapprochent et murmurent à son oreille. Leur souffle frôle la peau de leur proie.

• Elles osent très vite un geste « d'emprise » :

– Elles rajustent sa cravate ou son col d'une main sûre et maternelle.

– Elles lui suggèrent de faire un vœu et balaient d'un léger mouvement de main une peluche ou un cheveu sur leur veston.
– Elles s'inquiètent de l'heure, en prenant soin de toucher son poignet lorsqu'il consulte sa montre.

• Elles posent des questions (pas trop, mais juste assez pour manifester leur intérêt), sachant qu'une personne écoutée trouve toujours son interlocuteur charmant. Elles maîtrisent le « parlez-moi de moi, il n'y a que ça qui m'intéresse ».

• Elles sourient légèrement, hochent la tête, se touchent la nuque dans un geste qui rappelle l'abandon du corps faisant l'amour.

• Elles aménagent des difficultés factices, pour se faire aider à monter sur quelque chose, ou atteindre un objet placé trop haut.

• Elles trouvent leur humour irrésistible, ne s'offusquent pas des blagues de troufion.

• Elles se rendent indispensables et subitement s'absentent, pour créer le manque.

• Elles sont rusées comme Marie Walewska : lorsque l'empereur Napoléon Ier lui offrit son portrait entouré de diamants, elle garda le portrait et renvoya les diamants. Napoléon tomba alors dans le panneau : il fut persuadé que Marie était désintéressée[1] par le pouvoir et les richesses.

---

1. Feindre un total désintérêt, faire croire que l'on n'attend rien (ni divorce ni cadeau), et même déplorer avec talent « C'est bête que tu sois célèbre/riche/engagé », en a fait tomber plus d'un dans le panneau, convaincu d'avoir trouvé la perle rare.

• Elles ne perdent pas de temps en pudeurs calculées : une nuit inoubliable est plus opérante qu'un (faux) scrupule de coucher le premier soir.

• Elles observent en souriant la bouche de l'homme lorsqu'il parle. Il se sent désiré.

• Elles se maquillent de façon à mettre leurs yeux en valeur, mais ne tartinent pas leur bouche de rouge criard et pâteux.

TEST

QUELLE COMPAGNE HISTORIQUE ÊTES-VOUS ?

Imaginons que Monsieur ne cracherait pas sur une double vie. (Pas de panique, ce n'est que pure spéculation. Et même si cela se révèle vrai, le dossier sera vite clôturé car vous êtes la meilleure.) Bref, dans un tel cas de figure improbable, quelle politique adopteriez-vous ?

1. Anne-Aymone Giscard d'Estaing : Rajustant votre chignon impeccable, vous ne voyez rien, n'entendez rien. Le laitier, quel laitier ? **2 points**

2. Danielle Mitterrand : Vous faites comme si vous n'étiez au courant de rien, mais en revanche vous vous passionnez pour tout ce qui peut gêner les engagements politiques de votre époux : réfugiés kurdes, amis cubains, et grâce à votre fondation, vous ne vous occupez que de vos nouveaux amis. **8 points**

3. Bernadette Chirac : Vous encaissez pendant des années sans rien dire. La retraite venue, vous le taclez d'une « *La vieillesse est un naufrage* » et vous le menacez de lui faire avaler sa purée par les narines. **5 points**

4. Ségolène Royal : Au bout de nombreuses années de concubinage et quatre enfants plus tard, vous le demandez en mariage lors d'une sortie en pirogue. Faute de réponse, vous lancez votre programme « Désir d'avenir » et piétinez son jardin. **8 points**

5. Valérie Trierweiler : Vous ne pouvez pas encaisser sa première femme, et la jalousie vous aveuglant, vous ne voyez pas arriver la suivante. Votre disgrâce planétairement connue, vous vous réfugiez dans un hôpital pendant huit jours. **Moins 10 points**

5 (bis). Valerie Trierweiler durant cette retraite forcée : Vous écrivez un « peste-seller » très détaillé retraçant votre investissement sentimental bafoué et mettez le feu dans les allées du pouvoir. **100 points**

6. Anne Sinclair : Vous dépensez des millions pour le faire sortir de prison en clamant son innocence. Vous gardez un douloureux silence sur cette affaire, jusqu'au matin où débute son procès pour proxénétisme. **50 points**

7. Lady Diana : Vous convoquez sa famille, la presse ou ses collègues de travail. D'une mine triste et profondément meurtrie, vous divulguez les secrets qui vont ont fait souffrir et le discréditez aux yeux de ses proches. **100 points**

8. Marcela Iacub : Vous publiez un roman à clefs, dans lequel les personnages ont réellement existé, et vous multipliez les interviews prudentes en faisant attention à ne pas risquer des poursuites judiciaires onéreuses, le nommant « vieux cochon » à la place de son patronyme. **50 points**

Résultat : Si vous avez obtenu moins de 100 points, votre politique, c'est ne rien voir et ne rien savoir, même confrontée à l'évidence. Bravo pour votre combativité, mais attention à ne pas devenir une victime consentante.

Si vous avez plus de 100 points, vous rendez coup pour coup, trompée peut-être, mais vengée sûrement. Tournure d'esprit qui n'est pas permise à tout le monde, car il faut assumer le rôle d'épouse bafouée et d'infernale méchante.

Mûre et lettrée

M. de Talleyrand faisant sa cour à une dame,
la harcelait de ses messages ; elle les lui renvoya, disant
que ces papiers n'étaient bons qu'à lui servir de torche-cul.
Il les retourna en y joignant ce poème :

« Petits papiers, je vous envie,
Allez, suivez votre destin,
Mais en passant, je vous en prie,
Annoncez-moi chez le voisin. »

DEUXIÈME PARTIE

Bistouri, piquouzes et porte-jarretelles

1

MÉNOPAUSE, MON AMIE

Subitement, on se réveille souvent la nuit en sueur, on vire cramoisie sans raison en réunion, on se sent lasse et exténuée… On s'imagine bêtement que c'est la fatigue, la grippe ou le décalage horaire. Que nenni, la ménopause frappe à ta porte, ma sœur !

Nous voilà en train de franchir un degré supplémentaire vers la maturité, nous voilà dans les hauts-gradés ! Bref, on ne se laisse pas accabler… On fait le point, on réfléchit sur cette nouvelle étape de sa vie qui s'offre à nous désormais, et on positive !

Bien sûr, la ménopause, ça ne fait pas rêver, mais il n'y a *que* quelques mois difficiles à passer. Avec les compléments alimentaires et/ou les traitements hormonaux, c'est, somme toute, assez facile à dépasser.

Car les avantages l'emportent largement sur les inconvénients.

Songez-y :

- Plus jamais de grossesses accidentelles.
- Plus jamais de « périodes » d'inconfort qui rendaient impossibles certaines pratiques.
- Terminé les seins douloureux et intouchables.
- Fini les contractions utérines et les maux de ventre.
- La plupart des hommes n'aiment pas faire l'amour pendant les règles de leur partenaire.
- La literie est épargnée…
- La congestion et les sensations de pesanteur disparaissent.

Bonne nouvelle ! Notre ami et conseiller, le docteur Zwang, confirme que nous atteignons une sorte d'âge d'or…

Chirurgien Urologue, auteur de nombreux ouvrages, cet éminent sexologue qui ne mâche pas ses mots, a l'amabilité de répondre sans langue de bois aux questions – même les plus bizarres – que nous lui posons au fil de cet ouvrage. Il va sans dire que nous nous réservons le droit de ne pas être d'accord avec lui, malgré ses compétences avérées…

Question : *Mon activité érotique va-t-elle décliner après la ménopause ?*

Longtemps, il a paru inconvenant aux esprits rigoristes – mais aussi aux esprits superficiels – que les femmes continuent de pratiquer la copulation après la ménopause. Alors qu'elles ne peuvent plus engendrer. Et de se gausser de ces belles-mères, modèle Louis Philippe ou Reine Victoria, qui ne paraissaient pas vouloir dételer. Pourtant, comme dit Brantôme, « toute belle femme s'estant une fois essayée au jeu d'amour ne le désapprend jamais, et la continue luy est toujours agréable et douce ».

Ce n'est donc pas d'hier qu'on sait le désir persister chez les femmes malgré la cessation de leurs règles pendant la cinquième décennie. Chacun possède sa façon de vieillir. On peut dire que l'appétit orgasmique – la fonction érotique – est consubstantiel à la bonne santé. Parvenues à la ménopause, certaines femmes privilégiées en surmontent vaillamment les inconvénients et ne cessent pas pour autant de « fonctionner » à la satisfaction bilatérale. En ces temps sans contraception correcte, c'était un grand soulagement, ménopausée, de « recueillir les arrérages des plaisirs que, possible, aucunes n'ont osé prendre de peur de l'enflure de leur traistre ventre ».

La médecine s'est démocratisée, elle a fait de substantiels progrès. Dans nos contrées, elle permet désormais à toute femme qui prend soin d'elle de rester pimpante très longtemps. Les bons soins et la palliation de la privation hormonale, quand nécessaire, lui permettent de vivre les cinquième et sixième décennies de l'existence sans que sa fonction érotique en pâtisse.

Je peux même témoigner[1] de la persistance du désir, du plaisir jusque très tard dans la huitième décennie. Encore faut-il deux conditions *sine qua non* à l'heureuse persistance de la fonction érotique. Être dotée d'un compagnon de

1. Fanfaron, va !

lit affectueux, patient, adroit – bien informé – et solide au poste, cela se trouve, et continuer de « fonctionner » régulièrement avec lui.

Au tempo assouvissant l'appétit du couple ; il vaut mieux « tirer un bon coup » une ou deux fois par semaine qu'un mauvais tous les jours.

Toutes inhibitions levées, corporelles et verbales, une civilisée aguerrie, quadra-quinqua, est très habituellement un « meilleur coup » qu'une béjaune[1] dans ses premières décennies. La débutante, certes au mieux des formes juvéniles, est souvent ignorante, pataude, muette voire bégueule. La bonne « femme mûre », mûre comme un bon fruit, sait prendre à bon escient l'initiative.

Tirant bénéfice personnel de son savoir-faire, elle exerce au mieux son pouvoir érotique sur son homme de lit… et de cœur. La sérénité bienveillante de la « connaisseuse », dépassant le stade des onomatopées reconnaissantes, fait ainsi bénéficier l'heureux partenaire de l'expression sans réticence des agréments ressentis et des « meilleurs sentiments », fussent-ils, pourquoi pas, l'amour ! Ainsi peuvent se consolider les liens sacrés du mariage ! Amen.

---

1. Oisillon dont le bec est encore ourlé d'un rebord mou et jaune. Litt : sotte, maladroite.

Femmes mûres, avouons notre joie de remporter le maillot jaune, dans cette compétition entre canards de six semaines et vieilles taupes !

2

JAMAIS SANS MA RIDE

C'est triste pour elles, mais disons-le franchement : les pionnières de la chirurgie esthétique se sont fait massacrer ! Pour une Jane Fonda subliiiime avec ses pattes d'oie au coin des yeux, son cou à peine fripé et son port de déesse… une Isabelle Huppert à l'ovale du visage parfait et dont pas un trait n'a changé depuis vingt ans, combien de boursouflées, gonflées façon poisson-lune, lèvres en bec de canard et autres horreurs ? Par charité, nous ne citerons pas de noms, mais nous pensons aux mêmes…

MÛRE MAIS PAS AMBLYOPE

On dit qu'un visage se déchiffre comme un livre, dont chaque ride raconte une partie de l'histoire… Oui, d'accord. Mais on n'a pas envie de ressembler à la Bibliothèque nationale !

Et chez les garçons, au secours ! Mickey Rourke si sexy, Sylvester Stallone si testosteroné, ou John Travolta si bien balancé. Que sont-ils devenus? Quel naufrage de voir les piqûres et coups de bistouri gangrener leurs vieux visages burinés…

Le summum du grotesque et du ridicule est atteint avec l'implantation des fausses tablettes de chocolat, qui dessinent sur le ventre relâché de Monsieur un carré de faux muscles thermoformés, qui ne fait que souligner davantage les flétrissures alentour…

Donc, avant de prendre rendez-vous, on se fait un visionnage express des pires horreurs. Ça calme ! Et puis, on ne se lance pas dans de grands travaux de correction : vieillir, c'est vieillir ! On ne peut rien faire pour l'éviter. Les chirurgiens ne sont pas magiciens. Même si nous nous faisions refaire la figure, les seins, les cuisses par le praticien le plus expérimenté, les mains vieillissent (avec un lifting réussi, on évite de se caresser la joue, cela accuse la différence de fraîcheur), les articulations grincent, le dos fait souffrir…

Bref, si on persiste dans cette guerre contre l'âge perdue d'avance, on se renseigne sur les meilleures spécialités des praticiens : le ténor de la rhinoplastie n'est pas forcément le plus compétent pour la liposuccion.

Enfin, on ne recrute pas son médecin sur Internet, mais dans les services hospitaliers. TOUS, oui, tous les grands chirurgiens reçoivent aussi à l'hôpital. Ils ne se contentent pas de réaliser liftings et liposuccions ; ils opèrent également des grands brûlés, des enfants atteints de malformations congénitales, des soldats défigurés au combat, et font rarement de la pub dans les gazettes ou les sites spécialisés !

Par conséquent, on se renseigne sur les noms de celles et ceux qui sont déjà passés sous leur bistouri et on compare les résultats…

Le **lifting**. Aujourd'hui, on ne fait plus guère de lifting complet qui transforme trop les traits, mais plutôt des demi-liftings, afin de stabiliser l'ovale du visage, alléger le cou, gommer l'affaissement de la bouche. De plus en plus de médecins recommandent de ne pas trop attendre. Pour qu'un lifting soit vraiment efficace et réussi, mieux vaut s'y résoudre autour de 50 ans. Les effets sont meilleurs, plus durables, moins visibles :

– parce que cela permet de retendre un peu mais pas trop, ce qui est bien ;

– parce que la peau est encore très élastique et se remet facilement en place ;

– parce qu'en cicatrisant, les tissus décollés pendant l'opération durcissent un peu, ce qui retarde la formation des rides.

La **liposuccion** est l'acte esthétique le plus demandé et le plus pratiqué. Adaptée pour retirer « culotte de cheval » et « ventre rond », elle n'est pas forcément recommandée après 60 ans… En fait, tout dépend de l'élasticité de la peau ; si elle permet de gommer les amas de graisses liés à la ménopause, la liposuccion doit souvent être accompagnée d'un bon coup de bistouri[1] pour retirer l'excès de peau et retendre un peu l'ensemble.

1. Et non d'un bon coup de « scalpel », ce dernier étant réservé aux autopsies. Il serait ballot de passer du bistouri au scalpel durant la même anesthésie…

Sur les sites spécialisés, nous apprendrons que la cellulite après la ménopause est différente de celle de la femme jeune. Eh oui ! Même notre cellulite vieillit. « L'élasticité cutanée ayant plus ou moins disparu, cette cellulite prend un aspect mou, flasque, gélatineux. » On ne peut mieux la décrire. Elle se situe surtout sur le bassin, sur les bras et même autour de la glande mammaire, ce qui vous donne le sein avantageux, mais entraîne aussi de très gracieux bourrelets qui débordent du soutien-gorge ou du maillot de bain.

À en croire les spécialistes de la chose, les régions les plus demandées sont :

- l'abdomen
- le bassin
- les cuisses
- les genoux
- le menton
- le thorax
- les bras

Mais attention, cela n'est pas si simple. Après avoir pompé la graisse, il est impératif de retendre pour éviter le côté fripé. On parle alors de plastie abdominale, mammaire, brachiale (le ventre de lapin sous le bras) ou cruro-fessière (le haut de la cuisse et la fesse). Rien n'est sans risque : dans l'ordre, sont mentionnés « lâchage de suture, élargissement cicatriciel, béance vulvaire ». Se retrouver avec la cuisse ronde et ferme, mais avec minette ouverte aux quatre vents comme l'entrée du tunnel du Mont-Blanc… Cela invite à différer le projet !

On peut aussi se souvenir du propos judicieux de Jackie Sardou : « Le lifting du visage, c'est comme faire repeindre ta cuisine ! Après, tu trouves que ton salon est dégueulasse, alors tu le fais repeindre. Ensuite, tu refais tout l'appartement et tu déménages ! »

Et pour quel bénéfice ? Se mettre en maillot de bain un mois par an ? Franchement, ça n'en vaut pas la peine... Faisons plutôt comme notre amie Marie-Hélène, qui taille ses haies avec des bonnes vieilles cisailles : ça muscle bras et pectoraux, c'est moins douloureux et moins périlleux !

Pour l'ensemble du corps, on ne peut espérer des miracles, surtout si nous n'avons jamais pratiqué de sport, et si nous fûmes une adepte du Yo-yo, c'est-à-dire des régimes à répétition...

Cependant, il est peut-être l'heure de faire un état des lieux, un bilan de santé ; l'excès de graisse n'est pas seulement disgracieux, il peut entraîner des pathologies plus graves : les articulations fatiguent, le cœur s'essouffle. Un bon petit régime restitue de toute façon une silhouette rajeunie et un moral à la hausse[1].

En dehors de la chirurgie proprement dite, il existe de nombreux soins réputés très efficaces. Au fil des ans, les techniques se sont adoucies et les produits diversifiés.

On oublie :

• les injections de collagène : affreuses, allergènes, irréversibles ; c'est l'effet poisson-lune ;

• les implants approximatifs : de fesses (affreuse mode du popotin charnu, à cul mieux mieux en quelque sorte...), pectoraux (pour les hommes), mollet, biceps... ;

1. Voir chapitre « Prendre soin de notre corps et de notre couple : thalasso et thermalisme », p. 131.

• les voyages et tour-operators à visée esthétique : toute opération chirurgicale peut virer au drame, et en cas de mauvaise prise en charge, le recours est complexe… ;

• les tatouages/maquillages semi-permanents : bord des cils, tour des lèvres. C'est toujours trop lourd. Effet vulgaire garanti. Vieillissement discutable, bavures, changement de couleur… Et franchement, ne faut-il pas être feignasse pour manquer de courage chaque matin et ne pas ouvrir son eye-liner et son tube de rouge à lèvres ?

Pour celles qui recherchent les soins réversibles et à courte durée :

• les piqûres d'acide hyaluronique : elles durent entre neuf et dix-huit mois, ça évite les petites ridules autour des lèvres. Des injections bien faites comblent les rides profondes du pli naso-génien et la ride du lion qui se trouve entre les sourcils ;

• le botox à très faible dose : pour éviter le côté front figé et sourcils bloqués.

• dernière mode en date : se faire réinjecter le gras prélevé sur le bourrelet de la cuisse ou du genou, après un passage à la centrifugeuse. Cette auto-injection serait, paraît-il, mieux tolérée et stimulerait la peau. Est-ce qu'on risque de se retrouver avec de la peau d'orange au-dessus des lèvres ? Mystère et boule de graisse ;

• en vente aussi sur le marché, le calcium en microsphère, sous toutes ses formes, mais qui peut provoquer des œdèmes, de l'avis même des plus grands connaisseurs ;

• le plasma, pour se réinjecter une dose de plaquettes dans l'arthrose ou les tendons. Sur ce dernier point, nous avons manqué de volontaires pour répondre à nos interrogations…

• dans la catégorie courage, citons le peeling : il consiste (en gros) à brûler la peau avec toutes sortes de substances. Après s'être cachée pendant plusieurs jours, vivant comme un ermite dans sa grotte, et après avoir supporté de se voir peler sans tirer sur les lambeaux calcinés, il paraît qu'on retrouve un visage détendu et frais. Et puis dernier élément, le laser qui permet d'enlever les taches brunes sur la peau, autrement nommées « fleurs de cimetière ».

Naturellement, l'écueil à éviter, et peut-être même le secret du bien-être, serait de ne jamais se concentrer sur la petite ride qui chiffonne, de prendre en compte l'ensemble du visage et du corps.

Les obsédées de la ridule finissent défigurées. Combien de lèvres en rebord de pot de chambre, combien de masques effrayants, de paires d'yeux écartés, tirés vers les tempes ou ridiculement bridés par une tension excessive de la peau[1] ?

Ces femmes oublient de regarder leur visage dans son ensemble et deviennent des espèces de poupées tragiques sans expression.

1. N'insistez pas, on a dit qu'on ne citerait pas de noms ! Allumez la télévision, allez au cinéma ou promenez-vous dans la rue ; ces têtes de mérou sont partout.

QUESTIONNAIRE ABSURDE

Rayez la ou les mentions inutiles

La photo-souvenir idéale

– Je suis en apnée, le buste bombé et le cou tendu.

– Un selfie pris vite fait sur un instant magique, quitte à flouter le décor.

– Je salue l'objectif façon reine d'Angleterre, cachant le ballottage de la peau des bras.

– Je suis tapie derrière les autres, en espérant masquer ma silhouette.

– Je pose façon canard, la bouche avancée en bec verseur.

– C'est toujours moi qui prends les autres en photo, je n'aime pas me voir.

– Merci Photoshop ! Rapide et moins cher qu'un lifting (à condition d'avoir un ado qui manie le bistouri informatique).

– Je souris la bouche fermée : moins on voit mes dents de poney, mieux je me supporte.

– Je tire la langue, façon « je suis rigolote ». Alors que ça donne juste un air puéril et mal élevé.

– Je privilégie les contre-jours, au moins on me distingue à peine.

– Le développement noir et blanc, c'est plus flatteur. Ça estompe les rougeurs et l'effet studio Harcourt, c'est glamour.

– J'opte pour les grosses lunettes mouche, qui masquent les cernes et procurent une allure Jackie Kennedy.

– Je chausse mes Ray-Ban Aviator de 1975, histoire de me faire une piqûre de rappel des années branchées.

– Monsieur photographie mes pieds. Le paysage est à décrypter entre mes orteils.

– Je pose toujours avec mon chat ou mon chien dans les bras, pour détourner l'attention.

3

SOUS-VÊTEMENTS, ARTIFICES… ET TOUTES CES CHOSES AUXQUELLES ON NE DOIT PAS RENONCER

Il faut savoir raison garder : les accessoires de séduction ne sont pas portables par toutes les femmes. Rien n'est plus périlleux qu'être sexy sans faire vulgaire, et rien n'est plus compliqué que paraître naturelle sans faire négligée !

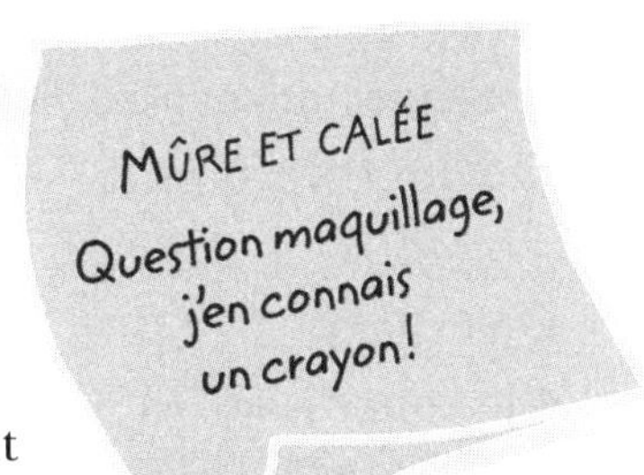

Silhouette impeccable et allure naturelle se conjuguent aisément, sans passer par la case sinistre et blouse de Nylon.

Pour un joli minois

On évitera :

• **les boucles d'oreilles lourdes**. En vieillissant, les lobes s'étirent un peu et les trous des boucles d'oreilles se déforment, s'allongent. C'est laid et accusateur de l'affaissement des tissus mous.

On choisira :

• des girandoles légères, des créoles de taille raisonnable (qui ne frôlent pas les épaules) ;

• quelques paires de clips. Oui, on en trouve encore ! ;

• des perles, des boules plaquées au lobe, montées façon « clou ».

On évitera :

• **le khôl dégoulinant, l'œil charbonneux, les poudres plâtreuses**. Les poudres trop foncées donnent un air bronzé, mais elles accusent les traits et s'accumulent dans les ridules. Lorsque le khôl fuse dans les pattes d'oie, l'effet Cléopâtre se transforme en coquard.

On choisira :

• un stage chez une bonne esthéticienne pour apprendre la magie des couleurs, l'art de sublimer son regard sans se transformer en panda, pour maîtriser le camouflage des petites imperfections.

On évitera :

• **le rouge à lèvres pâteux**. Même parfumé à la griotte, le bâton poisseux qui dépose son film gras sur nos lèvres a quelque chose de dégoûtant. De plus, après quelques heures de bavardage minaudier, celui-ci s'agglutine dans les commissures en formant des pâtés et file dans les ridules de la lèvre supérieure des fumeuses ;

• **le rose pâle sur les lèvres**, qui fait les dents jaunes et nous donne une allure de skieuse des sommets ;

• **le glossy**, sur un sourire gingival[1], c'est tragique. Quand la joie dégage autant de gencives que de dents, ce n'est pas glamour. Mieux vaut mettre l'accent sur ses yeux, et faire oublier sa dentition;

• **le trait de crayon foncé** autour des lèvres, ou pire, le tatouage permanent du contour. C'est réservé aux bimbos très classieuses et timides de télé-réalité;

• **le faux grain de beauté tatoué**, qui n'a rien de mignon et vire au bleuté avec le temps.

On choisira:

• un rouge mat, brun ou bois de rose, tenue extra-forte, de type «sans traces». Première couche de couleur, on attend que la mixture sèche. Dès que nos lèvres semblent prêtes à craquer, on applique l'assouplissant/glossy par-dessus. Les compagnes illégitimes le savent: les rouges longue tenue ne laissent pas de traces sur les cols de Monsieur.

On évitera:

• **les lentilles de couleur**. Apprendre à souligner nos attraits naturels est plus valorisant. On a l'air de quoi, une fois les lentilles turquoise ôtées d'une pupille marron?

On choisira:

• des lunettes discrètes, une paire à monture invisible pour ne pas se défigurer;

• une paire à la mode bien que, parfois, la tendance soit importable;

1. Proportions dents/gencives déséquilibrées; le sourire gingival le plus célèbre fut celui de Fernandel.

• une paire rigolote et colorée, à condition de ne pas se flinguer la face ; tout le monde n'a pas le visage d'Adriana Karembeu !

On évitera :

• **les extensions de cheveux**. Rarement bien posés, les rajouts de mèches s'agglutinent en paquets façon queue-de-rat et offrent une mise de pouffiote, sauf exception. Quoique... ;

• de confier sa tignasse aux écoles de coiffure. Certes, le prix dérisoire est attractif, mais on a passé l'âge de se faire massacrer le portrait par une apprentie délirante.

On choisira :

• une séance chez un coiffeur en qui vous avez confiance (par sa réputation, sa notoriété). Quitte à faire entretenir, par la suite, cette coupe par notre petit coiffeur de quartier.

On évitera :

• **les colorations foncées**. Oublions le noir corbeau de nos jeunes années. En vieillissant, les sourcils se sont éclaircis ou clairsemés, dénonçant une dépigmentation progressive. Une teinture trop foncée accuse les traits et creuse les cernes.

On choisira :

• un balayage de mèches deux tons plus clairs. Sinon, une teinte de la masse un ton plus clair qu'autrefois.

On évitera :

• **le Régécolor mauve**. Rien de mieux pour se donner un air de vieux drag-queen. D'ordinaire utilisé pour déjaunir les cheveux blancs, le rinçage mauve est une calamité capillaire qu'affectionnent les centenaires, assortie d'une mise en plis de bouclettes immondes.

On choisira:

- un cheveu naturellement gris ou blanc, déjauni sans reflets ultraviolets;
- une coupe courte ou un carré dégradé, ne dégageant pas trop la nuque (bosse de bison) et meublant les angles d'une mâchoire un peu fatiguée;
- le défrisage de la permanente ratée, pour en finir avec les frisettes façon poils de pubis.

Pour de ravissantes mimines

On évitera:

- les bagues en bouchon de carafe, l'accumulation de diamants sur les montures de grand-mère, le mélange des ors et de la fantaisie sur la même main.

On choisira:

- de mettre en valeur une pièce rare en la portant seule. On se souviendra du précepte de Coco Chanel à propos de l'élégance: «Jamais ajouter, toujours ôter.»;
- une crème antitaches, pour diminuer les «fleurs de cimetière» qui accusent l'âge des veinules, elles-mêmes accusées par l'excès de bijoux;
- d'actualiser les montures héritées de belle-maman, en consultant un bon joailler sur la forme idéale: une marquise allonge les doigts, un cabochon raccourcit nos petits boudins.

On évitera:

- **les faux ongles longs**. Les griffes de sorcière ne sont pas du meilleur goût, sauf à opter délibérément pour un look tigresse fatale.

On choisira:

- une manucure de type «french», pas trop longue. La pose éventuelle de faux ongles pour celles qui se les rongent. Mais on abandonne toute idée de vert pomme ou de bleu électrique, réservée aux plus jeunes. Le seul ongle verdâtre qu'on peut se permettre, c'est celui qu'on a coincé dans une porte…

Pour un buste pimpant

On évitera :

• **le soutien-gorge push-up**. À quoi sert-il de tricher sous un pull qu'il faudra ôter ? Une poitrine menue n'est pas un obstacle à la séduction, ce sont les hommes qui le disent ;

• **le pigeonnant trop haut**, qui plisse la peau et accuse les décolletés matraqués par des années de rayons UV.

On choisira :

• des dessous achetés dans une vraie lingerie, conseillée par une corsetière de métier, qui connaît les tailles et les bonnets. Flatteur ou emboîtant ? Pigeonnant ou galbant ? Et on acceptera de coordonner le slip/string/tanga au soutien-gorge. On achètera deux slips pour un soutif, sachant que ce dernier peut se porter deux jours sans choir dans le crado ;

• de rallonger nos bretelles qui perchent nos seins à la place des amygdales, et on investit dans l'achat d'une crème hydratante spéciale décolleté.

Pour de jolies fesses

On évitera :

• **le boxer remonte-fesses**. Que reste-t-il une fois l'esbroufe fessière retirée ? Un popotin raplapla ? Bah… l'assumer est plus aisé que le dissimuler.

On choisira :

• une vidéo d'opération de chirurgie plastique des fessiers. Les images violentes apaisent immédiatement nos complexes, sans parler de l'impossibilité de s'asseoir sur les prothèses un certain temps sans douleur. Efficacité garantie !

On évitera :

• **la gaine de maintien**. Ça existe encore, des femmes qui portent ces abominables engins de torture ?

On choisira :

• quitte à se couler dans un dispositif de contrainte, autant l'acheter en latex ou en cuir ! Complétez la panoplie par une cagoule et un fouet, si le cœur vous en dit ;
• une guêpière de satin avec porte-jarretelles ;
• des bas pour remplacer l'ignoble collant de contention ;
• un collant ouvert, aguicheur et ô combien pratique.

On évitera :

• **la culotte blanche sous un pantalon blanc**. Faute de goût ! La culotte blanche est extrêmement visible sous les vêtements blancs. Elle peut être cependant un parti pris. Faut simplement en assumer les conséquences…

On choisira :

• un string de couleur chair, beige ou rose poudre. Même choix de couleur pour une grosse culotte bien couvrante. Mais il faudra se résoudre à jeter ces horreurs à la poubelle, ou les garder pour lustrer des souliers cirés.

Pour flatter notre silhouette

On évitera :

• **les talons vertigineux**. En fin de journée, la démarche lasse d'un corps juché sur des Louboutin est un spectacle pathétique. Usage réservé aux habituées n'ayant pas de déformation des cervicales en bosse de bison.

On choisira :

• des souliers confortables, à hauteur de talon raisonnable, juste assez pour souligner la finesse de nos chevilles, ou allonger une jambe un peu courte. Les *fashion victims*, dépendantes de ces célèbres semelles rouges, peuvent se consoler en appliquant une astuce de pro : acheter des escarpins de confort et peindre les semelles au vernis à ongle rouge pétard ; comptez au moins trois couches pour un effet bluffant.

On évitera :

• **la jupe-culotte en tweed façon Versailles et sa veste de chasse matelassée.** Généralement, la panoplie « Madame de… » se complète par un serre-tête de velours bleu marine et un sac à main à brides de cheval. Les cas désespérés n'oublient jamais leurs mocassins à pompons ;

• les hauts informes, les emmanchures chauve-souris, les encolures bateau, les blousons froncés ou bouffants.

On choisira :

• la petite robe à trois trous, façon Jackie Kennedy, portée avec ballerines ou escarpins ;

• un simple jean qui ne boudine pas ;

• des hauts bien coupés, structurés, à décolleté raisonnable et avantageux : gorge aérée, même avec un cou « à fanons ».

> Le vieux bœuf trace un sillon droit ; la vieille chatte ne se brûle jamais.
> Anonyme.

QUESTIONNAIRE ABSURDE

Rayez la ou les mentions inutiles

On ne vous verra jamais dans la rue sans…

- Rouge à lèvres et brushing.
- Votre téléphone portable.
- Votre voiture.
- Vos escarpins.
- Le dernier tee-shirt à la mode.
- Votre sac à main Goyard/Hermès.
- Vos lunettes de soleil.

On ne vous verra jamais dans la rue avec…

- Leggings et survêtement.
- Une canne.
- Des espadrilles décousues.
- Des bigoudis.
- Une robe de chambre molletonnée.
- Un vieux tee-shirt détendu.
- La clope au bec.
- Les fringues de vos enfants.

4

ÉPILATION, DÉBROUSSAILLAGE, TOILETTAGE

Nous, on n'aime pas les hommes totalement épilés.

Certes, la mode issue des films porno et de l'esthétique gay est aujourd'hui incontournable, puisque même nos vaillants rugbymen s'y sont mis… Eux qui sont censés représenter la virilité à l'état brut… Corps glabres, huilés, musclés, bodybuildés… beurrrk !

Côté femmes, le débat fait rage. Entre nous deux aussi[1]. **L'une** s'est convertie à l'épilation totale, **l'autre** pratique un entretien façon *hipster*… barbe de trois jours. **L'une** vante les mérites de la peau sans poil, qui permet aux lèvres de rester collés façon jeune fille. **L'autre** assure que, l'âge venant, une pilosité entretenue corrige et dissimule les plis et drapés disgracieux…

1. Les auteurs. Ne comptez pas sur nous pour fournir des indices.

L'une pratique donc l'épilation à la cire en institut. La première fois, faut quand même assumer d'être assise en tailleur les jambes écartées… et supporter la douleur sur les zones sensibles[1]. **L'autre** s'est offert une élégante tondeuse à barbe. Elle a renoncé à utiliser celle de son mari, estimant que la découverte d'un poil pubien sur le sabot de ladite tondeuse pourrait le perturber… (La tonte de minette peut s'effectuer à califourchon sur le bidet, sur le rebord de la baignoire, et même sous la douche.)

Rappelons, pour celles qui l'ignoreraient encore, que si vous vous rendez chez l'esthéticienne, il est des codes qui indiquent le découpé que vous souhaitez. Ne vous trompez pas, il ne s'agit pas de verres à cocktails, mais de découpes stylisées…

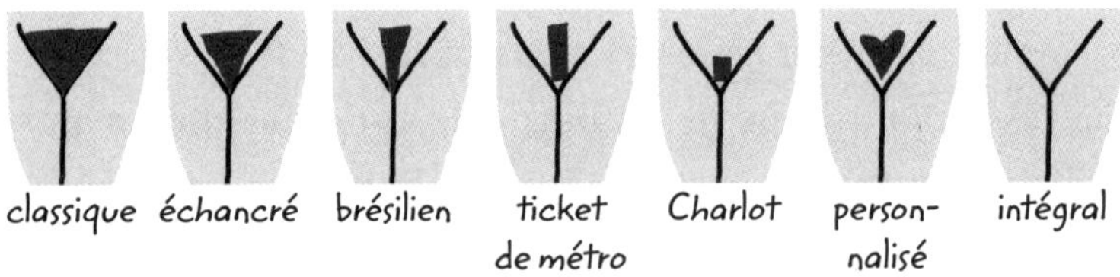

En fonction de sa capacité à supporter l'épilation et de son budget, on choisira :

- Le *classique*, pour les pressées et les naturelles.
- Le *brésilien*, pour les douillettes velues.
- Le *ticket de métro*, le plus commun et le plus vilain.
- Le *Charlot*, pour les nostalgiques du cinéma muet hollywoodien.

1. Disons plutôt « le désagrément » pour les blondes, et carrément « la torture » pour les brunes. La taille du bulbe de poil détermine l'intensité de la douleur.

- Le *maillot intégral*, pour les courageuses.
- La *coupe personnalisée*, pour les coquines.

Quelques esthéticiennes préconisent même de se mettre à quatre pattes pour éradiquer tous les poils du « sif ». Qu'est-ce donc encore que cette trouvaille ? Le *sif*, ou sillon interfessier, est, chez les femmes brunes ou châtaines, pourvu de poils qui remontent jusqu'au bas des reins… Pas très glamour !

Côté budget, les prix varient du simple au triple :
– 38 euros pour un forfait demi-jambes, aisselles et maillot intégral, en province.
– 55 euros pour une épilation en « ticket de métro », à Paris.
La dépense, qui ne place pas le minou lisse à la portée de toutes les femmes, justifie l'usage du rasoir et des crèmes dépilatoires[1].

Mais laissons la parole au docteur Zwang, qui appartient à l'école des défenseurs de la fourrure :

Tribune du Dr Zwang en faveur du poil

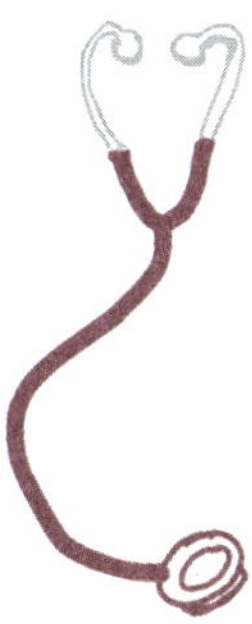

L'odieuse pratique faisant supprimer le poil qui a poussé sur le pubis et les grandes lèvres des femmes adultes est née au néolithique, quand les hommes, qui avaient inventé le rasoir, ont demandé aux femmes de s'en servir, pour ne pas empiéter sur leur prérogative pileuse, pour avoir l'air de gentilles petites filles bien obéissantes. Alors que

1. Et tant pis pour le Dr. Zwang, militant pour le retour de la toutouffe !

le poil, c'est pour les porteurs de barbe et moustache. Non mais !

Pourtant, la touffe pileuse au bas du ventre féminin signe l'état adulte, la nubilité. L'accès au statut de grande personne. Voilà ce que les phallocrates dénient. Affligées d'un bas-ventre glabre, les femmes se retrouvent à l'état prépubère – avant la croissance du poil (*pubes*) – lorsqu'elles obéissaient à leurs parents. C'est à l'homme – au mari – qu'elles doivent désormais obéir[1]. Récupérant sa pilosité, la femme récupère sa dignité, elle s'affirme humaine à part entière. On sait où persistent les phallocrates qui refusent à la femme l'égalité avec l'homme et l'envoient au hammam s'épiler. Agissant ainsi contre nature.

Les indices visuels, les premiers repérés, sont d'une grande efficacité, surtout dans notre espèce verticale où l'on ne se met pas d'emblée à quatre pattes pour flairer l'état des organes qui assurent l'accouplement. Ces indices attirent invinciblement l'œil, provoquant une *réaction d'orientation* de la tête et du cou. Réaction toute « instinctive », automatique, irrépressible. Comme vers les seins, ou la verge, et « malgré soi ». Pourquoi ne pas le dire ? Même les médecins, avant ou après le très professionnel examen gynécologique, ne peuvent s'empêcher de diriger furtivement le regard – en tout bien tout honneur – vers l'indice pileux que la patiente debout arbore[2].

---

1. Holà, docteur ! On peut aussi s'épiler intégralement pour plaire à Chéri, et non pour lui obéir ! Ou nourrir son propre fantasme…

2. Arbore ? Vous voulez dire qu'on affiche nos poils ? Mais docteur, le déshabillage n'est pas un strip-tease ! Déjà qu'on essaie de se planquer derrière notre collant roulé en boule, et maintenant on apprend que vous matez en douce… Ah, bravo !

Parmi les indices caractérisant le sexe, la configuration de la pilosité sexuelle est une preuve irréfutable. Losangique chez l'homme, elle est triangulaire chez la femme. Ce triangle sombre est partie intégrante de l'anatomie féminine adulte. Blason de féminité, bosquet de Vénus honoré par les poètes, « écusson de crin » pour Baudelaire, « as de pique » pour Apollinaire. Car la tache triangulaire foncée ornant le centre du corps des femmes est un des constituants de son esthétique, ponctuation colorée équilibrant les chairs claires qui l'entourent, ventre, cuisses. La surface occupée par la pilosité, son type (plat, crépu, ondulé), sa couleur (brune, rousse, blonde, châtaine), sont des caractères propres à chaque femme ; il n'y en a pas deux identiques.

Comme tous les indices sexuels, le rôle de la pilosité sexuelle est double. Identifiant et aussi stimulant. Privée de sa pilosité, une femme s'enlaidit et perd ce repère visuel.

Voilà pourquoi son sexe a été censuré sur les représentations de son corps. Depuis les statues antiques. Pour ne pas troubler les sens masculins. Lisse comme une savonnette, le bas-ventre ne saurait attirer le regard. Ne saurait faire froncer les sourcils des censeurs. Est toléré par les puritains. « Y'a rien à voir ! »

Voilà pourquoi on ne saurait trop blâmer la mode « sans touffe » née sur les rives californiennes à la fin du XXe siècle. La pratique de l'épilation se situe là dans le mouvement antipileux qui exerce sur les femmes occidentales une véritable dictature. Depuis des décennies, il leur interdit de conserver leurs poils des membres inférieurs ou, encore plus tabous, leurs poils axillaires. Une publicité surabondante, quotidienne, omniprésente, leur enjoint avec autorité d'user des rasoirs et crèmes, en enrichissant le lobby de l'épilation.

Reviennent au jour les vieux démons. Le poil, c'est masculin, c'est laid sur une femme, donc superflu. Après celui des jambes et des dessous de bras, le poil sexuel féminin est à son tour devenu superflu. Il faut s'en débarrasser pour être « une vraie femme », une élégante « dans le vent ». Une première offensive avait été menée contre la pilosité féminine par l'imposition des maillots « brésiliens » qui ont contraint à émonder les côtés de la toison pubienne. Sans autre motif qu'obéir à des « designers » dont le goût des dames n'est pas prédominant… Se faire ou se faire faire « le maillot » devint ainsi une pratique courante… tarifée dans les instituts dits « de beauté ». Passer à la tonte totale fut finalement plus radical : plus rien ne va dépasser.

Conclusion des auteurs : on pourrait palabrer des heures entières sur le sujet, cela n'y changerait rien.

Que chaque femme s'épile comme elle le souhaite, selon son confort, son goût esthétique, les saisons, tenant compte ou pas des préférences de son chéri et selon son porte-monnaie !

5

PRENDRE SOIN DE NOTRE CORPS ET DE NOTRE COUPLE : THALASSO ET THERMALISME

La première, jeune, urbaine et branchée, conjugue l'efficacité d'un traitement en douceur au traitement de faveur, tandis que le second propose un voyage Belle Époque, sur les traces d'Élisabeth d'Autriche à Baden-Baden, Sarah Bernhardt, Colette... Selon le lieu et l'envie, on revendiquera l'un ou l'autre. Thalasso bord de mer pour les nostalgiques du pull marin. Villes thermales et promenades en calèche pour incorrigibles wagnériennes.

Thalasso ou cure thermale : il suffit de taper un de ces mots sur un moteur de recherche, et quinze millions de résultats s'offrent à nous en trois secondes. Voilà ce qui s'appelle avoir le choix. Trop, même ; on y perdrait sa savonnette.

Le marché de la santé est florissant, les centres de remise en forme proposent toutes sortes de thérapies, des soins à l'énonciation scientifique, des promesses de jeunesse alléchantes.

On s'installe dans une chambre lumineuse avec, au choix, balcon sur la mer bleue ou terrasse sur la montagne. Déjà, la panoplie du curiste nous y attend : pantoufles jetables et un nécessaire de toilette aimablement offert.

Dûment équipés, nous nous rendons à l'accueil du centre de soin, où une employée finement musclée nous invite à enfiler la tenue de rigueur. Le premier soin nous attend.

Monsieur prend connaissance du programme de nos réjouissances : jet tonifiant ; enveloppement reminéralisant ; rituel anti-âge. Les peignoirs, coupés en taille unique, sont immenses et moins rêches qu'à la maison ; les chaussons jetables sont moelleux. Lors de la traversée du couloir un peu infantilisante, nos yeux se posent sur les affiches de créatures sublimes au teint frais, cheveux brillants de santé, silhouettes de déesses ; dans quelques jours, ce sera mon tour !

On patiente dans un fauteuil moelleux autour du patio. Nous sommes partagés entre fou rire et haussement d'épaules. Aïe ! Justement, l'épaule…

Mais déjà une jeune vestale vient nous chercher. L'employée nous guide délicatement contre un mur carrelé et retourne à sa place, claquettes en bois aux pieds. La nudité fait voler en éclats notre belle assurance. La voilà qui brandit un tuyau d'arrosage digne d'un pompier new-yorkais, actionne la valve et… plaquée au mur par un jet puissant d'eau tiède, on laisse échapper un cri de surprise.

« Exprimez-vous ! conseille la femme. N'ayez pas peur de libérer toute la tension qui est en vous. » Facile à dire, quand on tient les manettes. On voudrait l'y voir ! Même l'index coincé dans une porte, une déesse de notre acabit ne saurait crier…

La température de l'eau se réchauffe, le jet s'attarde sur nos muscles endoloris. Finalement, ce n'est pas si désagréable. On se tourne, s'offre au jaillissement sous toutes les postures, tel un mannequin en séance de shooting. Nous aurions tort de douter, c'est revigorant. Mais l'eau devient progressivement glacée. Arrêtez ça !

« Non, Madame ! rétorque l'employée disciplinée. C'est pour votre bien. »

Enfin, la bouche de son tuyau se tait. Une flaque s'écoule en tournoyant par la bonde. On nous tend notre peignoir, façon gentleman en fin de cocktail. On rejoint Monsieur dans l'espace détente. Il se repose sur le lit *king size*, un verre de jus de fruits pressés à la main. Nous nous délassons l'un contre l'autre, à la fois sereins et vannés.

Toc, toc ! Un bellâtre bronzé au torse velu escorte notre homme vers un salon de massage pour son deuxième soin, tandis qu'une créature ondulante et parfumée nous entraîne vers les bains à remous. Les murs, entièrement recouverts de mosaïques de pâte de verre, scintillent ; on a l'impression de pénétrer dans des thermes romains. La lumière est douce, tamisée ; une musique et des bruits d'oiseaux accentuent l'impression de paradis terrestre. Tout est conçu pour le repos du client, sa relaxation et son bien-être. À raison de 400 € la journée, on aurait peu apprécié la gym aquatique en groupe, au rythme des Claudettes.

Ça glougloute dans les bassins, un dispositif hyper design pulse des petits glaçons par le plafond, qui retombent dans une coupelle de bronze. Des silhouettes vêtues de maillots de bain se frictionnent de glace « pour activer la circulation du sang ».

On descend les marches qui conduisent au centre du spa. Les regards se tournent pudiquement, personne ne toise personne. Les commandes des différents jets sont tactiles ; on s'assoit dans l'eau, sur les petits espaces carrelés, et le massage commence. Disons-le clairement, c'est extraordinaire ! Massage du dos, pétrissage des jambes, cascade sur les épaules et nage à contre-courant se déclinent à volonté.

Remontée sur les berges du bassin ; des serviettes souples et tièdes sont à disposition ; on nous les déplie au passage, nous offre un thé vert à la menthe. Alanguie sur un sofa douillet… Ah bon, on peut s'étendre – mouillée – sur le tissu des canapés ? Oui, Madame !

Tiens, allons faire un tour dans la grande pièce vitrée, où les croisées ruissellent de vapeur… La chaleur étouffante nous saisit ; les corps sont presque nus, abandonnés sur les marches, contemplant le faux ciel étoilé qui nous abrite. De petites lumières clignotent délicatement, l'ambiance bleu marine et or rappelle les nuits d'Égypte. Un mot nous vient à l'esprit : bonheur.

La douche n'est pas obligatoire, mais elle vaut, à elle seule, le détour : une invitation au voyage des sens. La luminothérapie, c'est un classique. Mais là, tout est différent. On peut choisir de prendre une douche sous la bruine des mers du Sud, au son des orages du large. On peut aussi prendre la sauce d'une tempête pénétrante, sous les branches d'un arbre feuillu. On expérimentera toutes les pluies du monde : fines, drues, venteuses, douces ou piquantes, bienfaitrices ou inquiétantes.

Nous voici subjuguée par cette expérience, trop hâtivement jugée de loin comme un gadget à la noix, un attrape-mémère à faire dépenser des centaines d'euros (au meilleur des cas) pour vieillir moins… heu… vieille. D'autres préfèrent tremper quatre heures dans un bain de lait d'ânesse, d'autres se font injecter des cellules d'embryons dans des cliniques en Suisse. Bah…

Nous rejoignons notre homme pour le déjeuner. La salle de restaurant est savamment décorée, quelques audaces d'architecte nous font sourire ; des biches en plastique blanc trônent au milieu d'un jardin suspendu. Étonnante prise de risque, dans cet établissement où chaque décimètre carré respire l'élégance.

On s'attend à périr de faim devant une assiette de carottes vapeur ; le personnel en file indienne apporte nos assiettes larges comme des roues de carrosse, où tiédit notre festin sous cloche : crumble de petits légumes au parmesan, aiguillette de canard en sauce. La disposition des portions, le découpage méticuleux de la verdure et les agréments décoratifs font instantanément oublier qu'on déjeune « léger ». Pas de fromage, indique-t-on à Monsieur, c'est mauvais pour l'hypertension et le cholestérol. Prenons soin de nous, partageons encore de nombreuses années en bonne santé, soyons beaux et frais pour nos (futurs) petits-enfants.

Dessert, alors ? Là encore, le défilé classieux des serveurs dépose une gourmandise, pompeusement servie sous sa cloche de verroterie : yaourt brassé à 0 % de matière grasse. On peut avoir du sucre ? Non, Madame. Un trait de sirop d'agave, peut-être ? Non plus. Bon, au moins, on a une cuiller en argent !

Filons vers la chambre ; le balcon ouvert sur la mer aux reflets de tourterelle est inondé de soleil. Nous nous emmitouflons dans une couverture de cachemire, pour un éloge de la paresse en duo. Pensons à nos grands enfants, pour lesquels l'inactivité est un cauchemar, un temps mort comme un jour sans Wi-Fi. On s'endort en songeant au ballotin acheté la semaine dernière, à la Maison du Chocolat. Dommage de l'avoir emporté !

Drelin drelin ! Monsieur est attendu pour son drainage lymphatique. Guilleret, il se coule dans son peignoir nid-d'abeilles et enfile ses pantoufles blanches. On dit que la masseuse, particulièrement belle, draine en douceur ses clients privilégiés. Notre chéri devrait passer un moment inoubliable, tandis qu'on trottine derrière celui qui, nous promettant un rituel de jeunesse renversant, fait craquer les articulations de ses mains fines et bronzées.

Allongée sur le dos, pudiquement voilée d'une serviette chaude, nous avons le choix entre plusieurs « enveloppements ».

- Aux trois thés, vert, noir et blanc : *Non merci, on en boit assez toute la journée.*
- Aux boues marines : *Est-ce une façon gracieuse de mentionner la vase ?*
- Au pochon de riz japonais : *Quel gâchis, on aurait tellement préféré manger des sushis au déjeuner !*

Allons pour un gommage !

Notre beau tortionnaire s'active devant son rayonnage de petits pots. Il concocte sa mixture avec des mines de savant surexcité.

– Alors, quelle recette allez-vous appliquer ?

– Mystère, répond-il du tac au tac. Non, je plaisante : un noyau secret finement moulu et quelques poudres de perlimpinpin.

En deux coups de spatule, nous voici enveloppée de frangipane ; la délicieuse odeur d'amande flotte dans l'air. La mixture picote, une sensation de poussée d'urticaire nous cuit le visage et le cou. On s'imagine ressortant de la cabine couverte de cloques. Pas très glamour. Un temps passe, une éternité quand on s'inquiète à part soi.

Ding ! le croque-minute a sonné, il retire la pâte et on attend le verdict de l'expert, l'œil penché sur notre peau à travers une lentille grossissante. Il enchaîne par un massage sous une pluie d'eau de mer, terminé par l'application d'une crème délicatement parfumée.

Miroir, beau miroir, dis donc, qui est la plus belle ce soir ? Prodigieux ! Une peau lisse, douce, uniforme. Pas la moindre rougeur. C'est bien nous, mais en mieux !

Retournons dans la chambre, drapées dans nos peignoirs. Monsieur s'extasie sur sa masseuse qui lui a bien, mais alors vraiment bien drainé la lymphe. Nous rions ensemble, il nous caresse le visage.

Et si on prolongeait notre séjour ?[1]

---

1. Hypothèse réservée aux gagnantes du loto pour les spa « haut de gamme ».

TROISIÈME PARTIE

Amours, Éros et charentaises

1

CE QU'ON PEUT SE PERMETTRE

Les chaussettes de l'archiduchesse

À chacun ses faiblesses : nous les femmes, au lit, c'est le froid ! Combien d'entre nous se livrent à une cérémonie assez mémère avant le coucher ? Foulard en soie autour de la gorge, cache-cœur Repetto, chaussettes en laine polaire aux pieds. Si vous êtes une adepte de l'équipement nocturne et une urbaine branchée, foncez chez le Japonais Uniqlo. Il y a un rayon entier d'accessoires de nuit. La Japonaise se les gèle derrière les cloisons en papier de riz et le tatami ne coupe guère le froid. Pour les autres, tradition européenne oblige, il y a toujours la formule « vintage » sous forme de charmants « chaussons de lit », ballerines en tricot mohair, couleur layette et petit nœud de satin sur le dessus. Le pied cambré façon danseuse, le glamour est indemne. Et puis il y a aussi les futées qui se rhabillent directement sous la couette, la lecture ou le câlin achevé.

Pour le tour de cou, un voile de soie sera plus raffiné que le vieux foulard indien enroulé autour du cou. Le textile ramolli et l'ourlet effiloché lui donnent un côté vieux doudou mâchouillé. Mais n'est-ce pas une preuve d'amour, que d'être désirée dans cet accoutrement de hippie attardée ?

Et si vraiment vous tenez à lutter contre le froid sans recourir à ces expédients : passez au matelas chauffant ! C'est la version moderne de la bonne vieille couverture électrique, avec en prime thermostat et régulateur. Ah, quel bonheur de se glisser dans un lit tout chaud pour s'ébattre avec Chachat quand il gèle dans la chambre !

Les programmes télé

Naturellement, un homme d'âge mûr accompagné d'une jeune femme n'osera pas dévoiler ses choix télévisuels. Évidemment, une femme d'âge mûr n'osera pas avouer à son jeune amant ses penchants pour *La Petite Maison dans la prairie* (qui était, entre nous soit dit, un des programmes préférés de Marguerite Duras[1] !).

Mais, avec une femme de son âge, Monsieur pourra profiter d'un partage négocié âprement, façon Yalta. Certains soirs, il s'adaptera en silence et acceptera de revoir, sans moufter, une comédie romantique dont Madame raffole et qu'il connaît par cœur. D'autres soirs, c'est Madame qui taira son ennui devant le nouveau documentaire sur les conducteurs de l'extrême ou la chasse de l'alligator en Floride. L'avantage des couples du même âge, c'est que ces choix excluent la honte, la fatigue.

Mais selon une enquête tout à fait scientifique que nous avons menée, beaucoup de couples vivent sous le régime de

1. Marguerite Duras a fait cette confidence amusée à Françoise.

la télévision *machiste*: une fois revêtu de son pyjama favori ou simplement nu, monsieur allume le poste et garde la télécommande. Le son monté légèrement trop fort, il zappe et s'arrête dix minutes sur chaque chaîne. Résultat: on ne peut regarder une émission entière, mais uniquement par bribes, le temps qu'il décrète qu'« il n'y a rien d'intéressant ce soir », faute d'avoir suivi le début d'un programme. Clic ! Il éteint. Et fort heureusement, s'endort.

C'est alors que la femme intelligente, prévoyante et respectueuse des huit heures de sommeil nécessaires à son époux, sortira sa paire de petits écouteurs, lui permettant de rallumer le poste dès les premiers ronflements. Évidemment, le câble des écouteurs sera trop court: la télévision placée entre les pieds est inconfortable et risque de faire chauffer l'engin qui mettrait le feu à la couette. S'asseoir dans le lit pour se rapprocher de l'écran n'est pas non plus confortable. Alors? C'est tout bête: un plateau à pieds, spécial « petit déjeuner au lit », un ordinateur portable posé dessus, un petit stage de visionnage en « streaming » avec un ado, des écouteurs et voilà !

Chiens et chats sur le lit

Ils sont parfois choyés comme nos derniers enfants, mais ils perdent leurs poils et prennent toute la place.

En vieillissant, nous humanisons nos bestioles; nous leur parlons un langage qui nous faisait gondoler quelques années plus tôt. Les animaux flairent le ramollissement de notre autorité et, une patte après l'autre, gagnent du terrain sur notre couette. Monsieur aime désormais malaxer la fourrure de ces êtres dépendants avant de s'endormir. Il leur parle, les encourage à braver les interdits, se nomme lui-même « papa » ou « pépère ».

On s'était pourtant concertés sur le nom que nos petits-enfants nous donneraient plus tard, afin d'éviter les pompeux « Bonne Maman » et les « Mémère » réducteurs. Voilà qu'une boule de poils renverse nos résolutions ! Bon, nous sommes d'accord pour un surnom ridicule, mais pas question d'être la mamie de Médor. Et pourquoi pas « mamie Traillette », pendant qu'on y est ?

Il est sage, le chien. Il couche dans son panier, le chien. Il attend qu'on s'endorme pour grimper sur le lit et, d'un commun accord, nous ferons ceux qui n'ont rien vu. Oui ! À nous deux, on devient gâteux…

La table de chevet

Au fil des années, le plateau de la table de nuit Napoléon III en merisier est devenu déprimant. De plus, les verres d'eau posés sur la cire ont maculé le bois, et l'ensemble vieillot nous rappelle la chambre de nos ancêtres. Les enfants, lassés de ces antiquités familiales, ont refusé de meubler leur studio avec cet héritage « trop ringard ».

Le tiroir, autrefois rempli d'un fourbi (trombones, coupe-ongles, stylos, mécanisme de montre à réparer, répertoire téléphonique, mouchoirs en papier…) est aujourd'hui bourré d'un tas d'autres choses, hum… romantiques :

- invitation pour une colo gratuite[1] ;
- tube de baume Kamol pour décontracter les mumuscles endoloris ;
- boules Quies ;
- crème de massage, parfum des îles ;

1. Les prospectus de « colo » pour nos enfants ont fait place aux bons pour une colo… scopie.

- tube de gel lubrifiant;
- pilules de toutes sortes, y compris parfois celle des Schtroumpfs;
- avis de décès d'un copain de régiment;
- coupon d'abonnement au magazine *Valeurs actuelles*;
- pansements au laurier contre les cors aux orteils;
- flacon d'essence et briquet vide;
- photo jaunie de notre rencontre;
- capsule souvenir de champagne Roederer;
- premiers dessins de nos enfants.

Deux options s'offrent à nous:

- Tout jeter en douce, en même temps qu'on se débarrasse des affreuses tables de chevet; on les remplace par de sobres blocs tiroirs (à condition d'aimer le design et non les antiquités) et on en profite pour fixer une étagère au-dessus du lit avec rampe éclairante, afin de lire confortablement allongés.
- Faire notre examen de conscience, nous demandant pourquoi ses vieilleries à lui nous dépriment plus que les nôtres.

Envie de glousser face à ce lent naufrage?

Et autrefois, que trouvait-on dans les tiroirs des commodes de nos propres mères?

- piques à bigoudis et un filet de maintien;
- épingles de nourrice dorées, pour rafistoler un chemiser trop échancré;
- boutons supplémentaires de vêtements, qu'elle ne retrouvait jamais en cas de besoin;
- lampe de poche, à grosse pile plate baveuse et oxydée.

Faisons l'inventaire pour voir ce que nous, femmes, commençons à entasser avec la maturité: bolducs et rubans de Noël (ça peut resservir), tubes de rouge à lèvres rances (on ne peut se résoudre à jeter du Chanel, même périmé), gants de jardinage troués à l'index, prospectus de jacuzzi (pour masser notre dos en duo, projet resté en berne), piles usagées (on oublie tout le temps de les déposer dans les conteneurs des commerçants), échantillons de parfum, porte-clefs cassés, stylos et feutres qui fuient, une paire de lunettes de rechange, des chargeurs de portable inadaptés au téléphone, une pierre ponce en trois morceaux.

Alors ? Hmmm ?

Confort domestique et aménagements douillets

Oui, il faut penser à anticiper et à s'équiper de toutes ces petites choses qui font mieux supporter le temps qui passe (nous avons déjà évoqué plus haut la nécessité de revoir l'**éclairage de nuit** pour faciliter la lecture). Dans le même ordre d'idée, il faudra réfléchir aux avantages du **lit électrique** télécommandé qui permet de remonter les pieds et soulager les jambes fatiguées et redresse le dos plus confortablement que plusieurs oreillers. Et le lit électrique n'est pas synonyme d'hospitalisation et de déambulateur… Il en est même qui vibrent, ondulent… ce qui ouvre des perspectives très intéressantes dans certaines circonstances…

Le **tabouret dans la douche** : indispensable accessoire des douches à l'italienne. Pour pouvoir confortablement s'attaquer au gommage des pieds, rêvasser sous le jet d'eau chaude, en immersion, garder les savons, shampoing, sucre exfoliant à portée de main. On trouve maintenant des très élégants tabourets résistants à l'eau chez Ikea, ou si vous le pouvez, des bancs de bois façon sauna dans les magasins spécialisés.

Le **tapis antidérapant** dans la baignoire: faute de baignoire de dernière génération antidérapante, c'est l'accessoire indispensable.

Il faut aussi, pour celles qui refusent de renoncer au bain, envisager la **main courante** pour aider au relevage… Certains et certaines, coincés dans la baignoire, ont dû effectuer un retournement pas toujours simple à opérer: essayez donc de passer de la position assise à celle à quatre pattes dans un espace aussi confiné.

La main courante trouvera aussi sa place à côté des toilettes. Sauf à choisir des **toilettes suspendues** au mur que l'on fixe suffisamment haut pour se relever facilement.

Et puisque nous sommes au petit coin: optez pour les toilettes japonaises avec nettoyage à l'eau incorporé, et ambiance musicale en option pour celles que les bruits organiques dérangent. Ça change la vie: c'est tellement plus hygiénique; et que d'économie sur le papier!

Dans le salon, rien ne vous oblige à récupérer l'immonde **fauteuil électrique** de tante Agathe… Il existe aujourd'hui des modèles fort élégants qui permettent d'être allongé, massé et relevé sur commande. Les plus chics sont de facture italienne, façon canapé deux places, chacun son espace. Reste aussi l'incontournable chaise longue Le Corbusier en cuir ou en poulain. Encore faut-il avoir le budget adéquat et de la place.

QUESTIONNAIRE ABSURDE

Rayez la ou les mentions inutiles

Où vous trouve-t-on le soir du 31 décembre ?

– Avec des amis, sarbacane, langue de belle-mère, serpentins et chapeau pointu sur la tête.

– En boîte de nuit, dans une chorégraphie des années quatre-vingt, escarpins à paillettes.

– Devant la télé, pour regarder l'inoxydable Michel Drucker en direct de la tour Eiffel.

– À la salle des fêtes, au vin d'honneur du maire, ambiance boudoir et mousseux.

– On fait péter le champagne en écoutant Offenbach sur Radio Classique.

– Plus jamais de réveillon, je fuis les fiestas obligatoires.

– Loin, très loin. À l'autre bout du monde, abritée sous un parasol, enduite de crème solaire.

– Chez mes beaux-parents, puisqu'ils sont toujours vivants (un peu trop, même).

– Au boulot, car mon patron m'a refilé un dossier sensible à traiter au plus vite.

– Aux urgences, pour faire recoudre le nez de Monsieur, qui s'est payé une baie vitrée.

– À la fourrière, pour récupérer ma voiture mal garée.

– Parmi les émigrés clandestins de Calais, à distribuer des pâtes de fruit et des couvertures.

2

CE QUE LES ANNÉES EXCUSENT

On s'est inquiétées de voir Monsieur en apnée, bomber le torse devant les minettes. Puis, on a fini par en rire, le voyant reprendre sa respiration et relâcher ses pectoraux flasquounets.

Non mais, quel repos de laisser libre cours à sa nature ! La femme mûre sait soigner, soulager, accepter les travers et les marques du temps. Elle-même apprend très vite à gérer ses propres vicissitudes. Revue de détail.

Rhumatismes

Aïe ! Ouille ! Monsieur dérouille, la mécanique est grippée. Dur de se lever sans faire un faux mouvement qui lui rappelle cruellement l'âge de ses vertèbres… Nous, compagne historique, on sait comment s'y prendre : lui, allongé sur le dos, épaules bien à plat, on l'aide à plier le genou droit, puis à le ramener vers la poitrine, et enfin, lentement vers l'épaule gauche. Ça craque, ça couine, il y a du sable dans les roulements à billes. Évidemment, la posture n'est pas avantageuse, mais quelle importance? On manipule son homme avec la douceur d'une kiné ayurvédique; on replace doucement sa jambe tendue. On prend l'autre: même mouvement, repli du genou gauche vers sa poitrine, pivotement vers son épaule droite. Ses mains agrippent le drap housse, sa mâchoire se crispe. Ça fait bobo, mais c'est efficace. La ceinture Gibaud sera douillettement enroulée autour de ses hanches: inutile d'invoquer les auxiliaires de vie ou d'enfiler une blouse rose.

Dans la matinée, coup d'œil vers la baie vitrée: Monsieur bine son potager. On n'a pas fini de manger du chou cet été, qu'il brandira fièrement, comme un gamin offre à sa mère un bouquet de vers de terre.

La nuit tombe presque, l'humidité du soir pénètre son tee-shirt: « Rentre mon Chachat! Il fait froid! » On évite soigneusement le « Tu vas prendre froid », trop accusateur de fragilité. De retour au dodo, Monsieur se laisse tomber lourdement sur notre dernier investissement – matelas à ressorts ensachés –, ultime étape avant le lit à potence.

Un petit massage parfumé aux algues marines, assise à cheval sur ses reins bloqués, une odeur de vacances flotte dans la chambre. Et là... Crac! Les articulations de Madame qui lâchent! Sollicitées par le massage amoureusement fignolé, nos cartilages gémissent. Pour éviter les conséquences fâcheuses de cet exercice, on se protégera:

– à califourchon, merci pour ma rotule et mes ligaments croisés;

– mes épaules engourdies, comme après un brushing de quatre heures;

– mes doigts ankylosés, genre concours dactylo.

Oh, ses lombaires décoincées, Monsieur s'endort… ou se retourne, très reconnaissant. On voudrait trottiner élégamment vers le lavabo, se dégraisser les mains. Mais on reste figée sur le dos, les griffes huileuses et la cuisse brûlante… Sciatique *or not* sciatique ?

Apnée du sommeil

Admettons qu'il se soit endormi, ses petits poings relevés, comme un bébé rassasié. Subitement, l'espace se remplit de sons gutturaux : groumpf ! Pschhh ! groumpf ! suivis d'un roucoulement de pigeonnier. Silence… puis ça recommence. Il ouvre la bouche, sa langue renversée vers l'arrière forme un couvercle tremblotant. Que se passe-t-il ?

Après moult consultations médicales, il faut se rendre à l'évidence : il va devoir porter un masque relié à un appareil respiratoire pour éviter les asphyxies pendant la nuit…

S'il est seul à être soumis à ce traitement, il faut se préparer à l'épreuve : nous allons devoir dormir à côté de Nicolas Hulot bardé de son engin respiratoire en plongée sous-marine. « Voyons… pschhh… maintenant… pschhh… comment rejoindre les… pschhh… toilettes, relié… pschhh… à cette machine. » L'appareil qui garantit à Monsieur de dormir sans expirer nous tient carrément éveillée : vrombissements, chuintements des pulsions d'oxygène, alarme hurlante. Finalement, ses bruits d'apnée étaient plus supportables ! Avec vingt ans de moins et trois nuits blanches, on aurait tenté de couper le circuit ou de lui enfoncer son masque dans la gorge.

Pourquoi ne pas en profiter pour s'offrir un *waterbed* ? Ce serait marrant : un matelas plein d'eau, un masque à oxygène, le pyjama grenouillère façon combi Scubapro ; manque plus que Jojo le mérou de Cousteau et nous voilà partis pour le cauchemar.

Maiiiis, en fidèle compagne historique, on organisera nos câlins en dehors de ses horaires comateux et, toujours attentive à son bien-être, on murmurera : « T'inquiète pas mon Chachat, je mettrai des boules Quies. »

Les ronflements

Ils ne sont pas l'apanage des hommes mûrs. Durant leur sommeil, bien des femmes émettent des grommèlements de bête sauvage. Certes, on s'éloigne de la fée au teint de rose, endormie sur une feuille de catalpa. Mais les années passant, le chagrin d'un fantasme mielleux a fait place à l'humour. « Tu as scié des bûches, cette nuit ! » déclare en se réveillant un mari dont la compagne a émis un discret grognement.

Si le mode *ronpiche* n'est pas du plus bel effet auprès d'une jeune conquête, la femme mûre s'accommode de ce bruit qui, à défaut de la bercer, la rassure sur les poumons de son conjoint : il respire, donc il vit ! C'est merveilleux.

La brioche en berne

Hou, c'est mou.

Ça flageole quand il rit, et ça pendouille sur sa ceinture. C'est bien rond et gargouillant. Où est passée sa tablette de chocolat d'antan ? Les mumuscles de Monsieur ont fondu, faisant place à un gentil bidon.

Chut ! On ne plaisante pas devant le ventre d'un homme vieillissant. C'est si chic les chemises en lin un peu larges, qui cachent son embonpoint d'honnête homme, et pour faire jeune on lui en achète de couleurs vives, vertes, roses, bleues, mauves, sans gloser sur la métamorphose engagée. Et puis, c'est si rassurant de se lover contre un nounours replet, au lieu de rebondir sèchement sur des abdominaux de concours !

Les portugaises ensablées

Monsieur commence à nous faire répéter nos propos, ou n'entend franchement rien lorsqu'un bruit parasite son écoute (robinet qui coule, vrombissement du four à micro-ondes). Et Madame monte le son de la télé en dépit de ses oreillettes.

Diagnostic : il ou elle devient dur de la feuille.

Une femme bienveillante évitera quelques écueils :

• On ne hurle pas : « T'es sourd ou quoi ? », mais on dit « Je suis un peu enrouée. »

• On ne lance pas : « T'entends quand tu veux », mais on dit « Je te l'accorde, ce n'est pas passionnant. »

• On ne le traîne pas chez Audika faire un bilan auditif, mais on prend l'habitude de lui parler à l'oreille, comme une confidente. Et on organise un petit cocktail avec l'oto-rhino-laryngologiste conseillé par nos amies, qui saura lui suggérer un petit rendez-vous.

Naturellement, quelques désagréments quotidiens peuvent maltraiter notre bonne humeur matinale :

• sa sonnerie de réveil, à redresser les morts. On remplacera le strident « Toupitoupi Toupa ! » par une musique plus harmonieuse, sans baisser le son ;

• selon l'oreille de Monsieur, présentant des absences aux sons aigus ou graves, on réglera l'autoradio de façon qu'il entende ses infos sans nous abrutir ;

• lors des dîners entre amis ou en famille, on oublie la musique en fond sonore qui écornifle sa compréhension et lui donne le sentiment d'être un vieux con.

Levers intempestifs

Nous avons fait un délicieux câlin, la nuit s'annonce sereine. Au loin, une chouette hulule (ou un scooter démarre, selon notre lieu de résidence), nos jambes et nos mains emmêlées comme une partie de Mikado. Elles sont douces, nos soirées à deux ! Lui dort déjà, harassé par sa journée, les genoux du missionnaire enflammés par le lin des draps de famille.

Soudain, il se lève. Trotte à travers la chambre, direction les toilettes. Pipi ! Puis il se recouche, escorté d'un soupir de soulagement, douillettement enfoncé dans le lit chaud. Se cale contre nous, les pieds gelés par le carrelage de salle de bains. Et se rendort.

Épisode 2. Le défilé peut reprendre à tout moment dans la nuit. Il hésite à tirer la chasse pour ne pas nous réveiller. Monsieur ne se rend pas compte, il entend mal et sa prostate grossit. Ce qui n'est pas une excuse pour oublier de rabattre la lunette. Grrr !

Madame ne râle pas. Madame est simplement heureuse que les reins de son chéri fonctionnent convenablement, et que sa glande prostatique n'ait pas – encore – nécessité une intervention. Et surtout, Madame la boucle parce qu'elle vit des épisodes semblables.

Que celle qui ne s'est jamais ruée sur les toilettes en se tortillant se manifeste ! Rappelons-nous que le lever intempestif fut aussi notre lot, lors d'une grossesse pesante, d'une petite cystite chopée en s'asseyant sur la margelle d'un puits gelé, ou lors d'un fou rire inextinguible.

Et ça ne s'arrange pas après 55 ans[1] !

1. Faut-il rappeler que les problèmes d'incontinence touchent à 70 % les femmes et que plus de trois millions de Françaises en souffrent ?

Pour éviter levers intempestifs nocturnes et fuites inconvenantes diurnes, on se souvient qu'il faut éviter certains aliments. Les tomates, le vin blanc, le café, le thé et même le tabac favorisent les envies pressantes. Il faut se méfier des travaux debout avec port de charges, des sports où l'on saute, court (hand-ball, volley, aérobic...) qui entraînent une pression anormalement élevée sur le périnée. Quel bel alibi pour celles d'entre nous qui détestent les efforts...

Mais, et c'est là le bon côté des choses, pour se rééduquer et lutter contre les fuites, il faut muscler son périnée, cette partie de son anatomie source de bien des plaisirs et propice à tant de joies partagées... Pour tonifier tout ça, on s'entraîne donc : lors des arrêts pipi, on interrompt volontairement sa miction en cours et on tient ! On répète l'exercice : « Serrez ! Relâchez ! » Mais si, vous allez y arriver ! Et puis c'est musical comme activité ! Enfin, quel bonheur de profiter de cette nouvelle tonicité pour d'autres exercices...

Profitons de cette séquence pour tordre le cou à un fantasme masculin. Il s'agit du même processus qui libère les glandes de Skene, partie de l'anatomie féminine qui émet un liquide transparent au cours de l'orgasme féminin. À celles qui inondent les draps, cette émission involontaire vaut le surnom de « femme fontaine », qui nourrit bien des illusions masculines...

QUESTIONNAIRE ABSURDE

Rayez la ou les mentions inutiles

Dans la famille BD, vous seriez…

– **Bonnemine** : un peu empâtée, légèrement bobonne, il est temps de te ressaisir, Susan Boyle !

– **Falbala** : obsédée par sa taille de guêpe et ses cheveux blonds ? Attention, Arielle Dombasle vieillit, elle aussi…

– **Madame Agecanonix** : rousse incendiaire, capricieuse et poseuse. Le cerveau de Nabilla Benattia et l'apparence de Mylène Farmer.

– **Iélosubmarine** : femme du poissonnier. Copine de Bonnemine, que l'on confondrait avec Édouard Balladur sans ses boucles d'oreilles.

– **Ma Dalton** : mère de famille survoltée, du genre à castagner la maîtresse à la sortie de l'école.

– **Raymonde Bidochon** : en blouse Nylon, l'archétype de la franchouillarde inculte, sauvée par l'intellectuel de la famille, le chien Cador.

– **Agrippine** : adulescente insupportable, digne fille des *Frustrés.*

– **Barbarella** : uniforme cuir et cuissardes, opulente chevelure indispensable, modèle à éviter si on n'est pas gaulée comme Laetitia Casta.

– **Wonder Woman** : modèle de Valérie Trierweiler avant de découvrir l'existence de Julie Gayet.

– **Martine** : à la plage, à la montagne, avec son chien, etc. Vous et nous à chaque bouffée de nostalgie.

– **Caroline** : version blonde et junior de Martine, toujours escortée de ses animaux, c'est Brigitte Bardot avant Saint-Tropez.

3

CE QU'ON PEUT ENCORE SUPPORTER

La dynamique du bras

Si au Japon, la moindre auréole de transpiration est un déshonneur, en France, c'est plutôt par sens du confort que nos messieurs coquets ventilent plus ou moins discrètement leurs aisselles humides: ils écartent les bras pour les aérer. Certains s'agitent comme un oisillon au bord du nid, d'autres posent les mains sur les hanches, histoire de feindre une posture décontractée. Tout cela pour faire circuler l'air, et que le coton rendu plus foncé par la transpiration sèche sous la brise d'été.

Pfff! Là où se place la fierté, parfois! Nous ne sommes pas au Japon, où la moindre manifestation corporelle est une honte, un déshonneur. « Remets ta veste, mon chéri, même s'il fait trente degrés à l'ombre et que tu ressembles à ta mère dans sa cabine Sudisette des années cinquante. »

Nous, compagne efficace, on transmet à notre homme les dernières études sur la nocivité de nombreux déodorants: les cancers du sein touchent aussi les hommes (1 %) et les oncologues ne cessent d'avertir qu'un seul produit demeure inoffensif, la pierre d'alun. Petit bloc transparent vendu en pharmacie et en supermarché rayon hygiène corporelle, cette pierre aux vertus hémostatiques est également un anti-transpirant efficace. Mode d'emploi tout bête : on mouille la pierre, et on se tartine les aisselles avec. Inconvénient : à renouveler plusieurs fois par jour.

Et bien sûr, le déodorant est d'un usage quotidien hiver comme été[1]...

Le gratté

C'est un toc ! C'est un tic ! C'est un handicap ! Que dis-je, c'est un handicap ? C'est un testicule !

Monsieur ne se gratte pas les choses : il replace ses attributs dans une position confortable. Des renseignements collectés auprès des premiers concernés, il ressort un fait indéniable : la remise en place de la couille volage est un exercice chronique. Geste équivalant au gratté de sein chez la femme, dont la poitrine est parfois maltraitée par les surpiqûres et baleines de soutien-gorge.

Il est quasiment impossible à Monsieur d'effectuer cette opération autrement qu'en respectant une chorégraphie rôdée depuis l'enfance :

- plier légèrement les genoux, afin de décoller les textiles adhérents ;
- tirer le fond de pantalon vers le bas, pour libérer les otages ;
- basculer son pénis vers la gauche ou la droite (ou le replacer debout, au milieu) ;

1. Sachez aussi qu'en cas de bouffée de chaleur, le déodorant n'est d'aucun secours (voir le chapitre « Ménopause, mon amie », p. 101).

• appuyer sur l'ensemble avec la paume de la main, afin de gagner quelques centimètres d'aisance.

Les plus audacieux n'hésitent pas à plonger directement dans leur pantalon pour redresser la situation…

Nous pourrions nous en offusquer, en vomir ou s'en moquer. Pourtant, les testicules de Monsieur doivent impérativement demeurer distants du bassin, afin de leur garantir une température inférieure à celle du corps, assurant la production et la survie des spermatozoïdes. Il est vrai qu'à notre âge, la reproduction n'est plus une priorité, mais pour l'homme, elle se trouve directement associée à sa virilité. Donc, tout comme nous attendons un respect non négociable de notre féminité, nous respecterons l'inconfort et la virilité de nos chéris sans pouffer.

Crepitus ventris

Patricia, gérante d'une boutique chic et chère, s'est déclarée choquée d'entendre son mari, médecin sexagénaire, lâcher un pet sur le perron de sa maison. «J'ai pris cela pour une marque de mépris total à mon égard.»

Patricia ! Inutile d'appeler GDF pour une malheureuse fuite de gaz ! Ce vent est un indicateur de bien-être.

Avant d'examiner de plus près cette manifestation, souvenons-nous combien Leopold Mozart, Charles Baudelaire et Voltaire se divertissaient dans l'écriture de pages entières sur Crepitus, divinité romaine du pet. Gustave Flaubert lui donna même la parole : « [Qu'] on se régalait de glands, de pois et d'oignons crus et que le bouc en morceaux cuisait dans le beurre rance des pasteurs, sans souci du voisin, personne alors ne se gênait. Les nourritures solides faisaient les digestions retentissantes. Au soleil de la campagne, les hommes se soulageaient avec lenteur[1]. »

Puisque cette évacuation naturelle nous concerne toutes et tous, apprenons à la considérer moins grossièrement.

Grammaticalement : le prout détient l'un des records de synonymes en français, en argot, en patois : loufe, louise, perle, vent, caisse, zéphyr, air de Soissons, trompette… et bien d'autres.

Chimiquement : les flatulences sont composées de dioxyde de carbone, d'hydrogène et de méthane. Le relent d'œuf fermenté est dû à la présence de sulfure d'hydrogène.

Techniquement : le pet est le frère jumeau du rot. Le rot se manifeste à l'entrée, tandis que le pet s'exprime à la sortie. Notre gros intestin, peuplé de bactéries indispensables à notre digestion, se remplit après chaque repas des gaz de ces créatures utiles et gloutonnes. La pression exercée sur les muscles de notre abdomen provoque le relâchement du « trop-plein », et ceci chez tous les humains.

MÛRE ET COQUETTE

Le scatole et l'indole sont des composantes chimiques présentes dans les pets, utilisées à doses infimes en parfumerie !

Statistiquement : Monsieur pète au moins quatorze fois par jour, tandis qu'une femme huit à dix fois par jour. Une grosse quantité d'air avalée ressort par l'anus environ trente-cinq minutes après son ingestion.

Selon son régime alimentaire, Monsieur peut éliminer entre un demi-litre et deux litres de gaz par jour.

---

1. Discours du dieu Crepitus, dans *La Tentation de saint Antoine*.

Musicalement : les flatulences ne sont pas toujours bruyantes ; tout dépend de la pression du gaz. La peau de l'anus tremblote lors de l'expulsion et provoque un son. Les notes graves et les aiguës diffèrent selon la tension du muscle : si l'anus vibre ou tremblote rapidement, le son devient aigu.

Mûre et cultivée

Multa fercula, multos morbos.
Plats multiples, maladies multiples.
(Latin médiéval)

Vachement : les produits laitiers entraînent une forte quantité de gaz, ainsi que les légumes tels que le chou, les haricots secs, les oignons, les petits pois, certains pains à farine complète. Les plats industriels génèrent davantage de prouts que la popote faite maison, par la faute des additifs indigestes qu'ils contiennent.

Alors, faut-il interpréter cette évacuation bruyante comme une marque de mépris ? Non ! Une vision optimiste est de rigueur, lorsque les sphincters de Monsieur montrent des signes de relâchement et que sa surdité (hélas, pas la nôtre) est avérée. Lorsque le vieillissement n'est pas la cause de cette négligence, on peut aussi percevoir ces vocalises anales comme une marque de confort, à traduire par « je me sens bien avec toi, je ne me gêne pas ». L'indulgence dont il faut alors faire preuve à l'égard de notre chéri dépend cruellement du contexte : à table ou en public, ça ne passe pas. Entre nous, ça ira pour cette fois…

Anecdotiquement : le pet que laissa échapper une actrice célèbre en dansant une valse lui inspira ce commentaire embarrassé : « Cher ami, j'espère que ceci restera entre nous. » Réponse du cavalier asphyxié, non moins célèbre : « Au contraire, je préférerais qu'il circule ! »

4

CE QU'ON NE PEUT PLUS SE PERMETTRE

Plus on vieillit, plus on doit être rigoureuse avec l'allure, l'apparence, l'hygiène. Pour lui comme pour nous, il est des règles auxquelles il faudra désormais se soumettre…

Avec ou sans dents, l'hygiène dentaire et buccale

Les dents sont un marqueur d'âge avant même d'être un marqueur social. La dent de lait, puis la dent de sagesse sont autant d'étapes de croissance. C'est aussi à la dentition que l'on mesure la santé des animaux. Et l'absence de dents est depuis toujours signe de pauvreté ou de mauvaise santé.

Dans *Les Misérables*, la mère de Cosette, Fantine, vend ses dents, dernière étape de sa déchéance. Au début du XIXe siècle, les plus pauvres vendaient leurs dents aux barbiers, qui les récupéraient pour les réimplanter dans les mâchoires des plus riches, soucieux de leur rang autant que de leur apparence. (Les barbiers achetaient aussi les longues chevelures pour fabriquer des postiches.) L'histoire ne dit pas combien de temps duraient ces implants : en fait, il ne pouvait tenir que si la réimplantation de la dent saine était concomitante à l'arrachage de la dent abîmée, ce qui permettait à l'alvéole de cicatriser et se consolider autour de la nouvelle.

Aujourd'hui, les belles dentures sont toujours un argument de séduction. Rappelez-vous cette publicité pour un dentifrice « au goût sauvage », mettant en scène une sculpturale créature, sortant de l'eau, une rose entre les dents… Goût sauvage et succès à la bouche, décliné à l'envi par les stars de cinéma et de télévision.

Si en France, on tolère encore les dents jaunies ou vieillies, les gencives plus ou moins entretenues, y compris chez les personnages publics, aux États-Unis, il est impensable de ne pas se faire refaire les dents si on ne veut pas passer pour un « *toothless* », un « sans-dent », autrement dit un vieux débris.

Les hommes sont moins attentifs que les femmes à l'état de leur dentition. Mais il faut dire aussi que le coût prohibitif des prothèses dentaires en France en fait un luxe réservé aux plus fortunés.

Si l'on peut pardonner à une dentition d'origine l'absence d'éclat, en revanche, rien n'excuse qu'on ne fasse pas de détartrage. Il s'impose tous les ans, voire plus chez les fumeurs et consommateurs d'aliments marquants (thé noir, café, Coca, sauce soja, vin, raisin, fruits rouges…). Rien n'est plus répugnant que la fine croûte de calcaire qui se devine sur les dents du bas…

Oui, l'éclat des dents est un signe de jeunesse et les dents saines un signe de bonne santé ; alors n'hésitons plus !

Callosité et flétrissures

Les pieds, les mains. Il faut limer, gommer, polir. Les ongles des pieds ont tendance à s'épaissir et doivent être coupés régulièrement. De préférence en les polissant à la lime, afin d'éviter les ongles incarnés. L'utilisation de Bétadine entre les orteils évite la formation de champignons et de mycoses, qui entraînent mauvaises odeurs et inconfort.

Le ponçage régulier des talons et cornes diverses restitue au pied toute sa douceur et le plaisir de l'effleurer sous la couette.

Les ongles des mains ont tendance à se dédoubler ou à s'écailler ? Le vernis permanent peut être une solution, mais le gel est à proscrire : il abîme trop les ongles et il faut des mois et des mois pour effacer les dégâts ! Il est assez simple d'entretenir ses ongles avec une couche de base transparente. Et l'on peut de temps à autre s'offrir une pose de vernis éclatant dans un « nail bar ».

La peau. Avec l'âge, l'épiderme se dessèche. Si les femmes ont depuis longtemps pris l'habitude d'hydrater leur peau, les hommes hésitent encore, ce qui provoque parfois des plaques de desquamation disgracieuses.

Il existe aujourd'hui de nombreuses lignes de produits cosmétiques pour hommes afin que Monsieur garde teint frais et peau élastique.

Minette et Zézette sont dans l'même bateau

L'une comme l'autre doivent impérativement être rafraîchies au cours de la journée. Au moins en début de soirée, au plus tard avant le coucher.

Si c'est une habitude que vous n'avez pas prise dès la jeunesse, il est temps de vous y mettre !

« Elle a perdu tout son fumet ! »

Henri IV repoussant Gabrielle d'Estrées, après avoir découvert qu'on l'avait lavée.

Le plus rapide: la lingette jetable spéciale toilette intime (les lingettes démaquillantes comportant des fortifiants pour les cils ne conviennent pas, sauf à rêver d'une coupe en brosse pour Minette).

Le plus efficace: le lavage à grande eau

- à la japonaise: toilettes avec jet incorporé sur la lunette (voir plus haut);
- à l'orientale (broc, robinet et main gauche).

Le plus français: à cheval sur mon bidet. L'occasion pour nous de vous sensibiliser sur deux pétitions:

- le retour du bidet dans les salles de bains;
- l'installation du bidet dans les toilettes, près du lave-mains (à défaut de toilettes japonaises!).

«Ne te lave pas, j'accours
et dans huit jours je suis là.»

Lettre à Joséphine, de Napoléon Bonaparte.

(On ignore si la consigne était respectée, et d'ailleurs, on n'a pas envie de le savoir.)

5

LES BÉNÉFICES DE L'ACCROC DANS LE CONTRAT

Comment l'accroc est-il arrivé ?
Les années ont passé, pis c'est tout.

Il y a eu le temps des galipettes. Fraîchement en couple, on a testé tous les supports imaginables. On se souvient du lit défoncé d'un hôtel minable, lorsque nous étions jeunes et fauchés. Du lavabo trop haut pour faire pipi dedans, du room service qui n'a jamais été livré. Puis, l'aisance financière améliorée, on s'était offert un plumard *king size* dans un palace, histoire de s'aimer dans la soie. C'était un 11 novembre, et nous avions fait l'amour onze fois. On en rit encore, se disant : « Heureusement que ce n'était pas le 1er mai ! »

Plus tard, nous avons étrenné toutes les pièces de notre premier nid douillet acheté à crédit. Faire l'amour sur une machine à laver en cycle essorage était drôle. Galipette de fainéants hilares. Puis dans le parking, avec le risque délicieux d'être surpris par un passant.

Il y a eu les années famille. La pilule reléguée dans un tiroir, on attendait l'arrivée d'un heureux événement. La joie d'avoir nos enfants a cerné nos yeux, nuits blanches et biberons, vomis. Les levers tôt, pour habiller les petits, vérifier le contenu du cartable ridicule, les déposer en vitesse à l'école, la tartine entre les dents. Une bise sur la joue, un mouchoir pour essuyer la trace de rouge à lèvres, faire coucou par la portière « bonne journée mon chaton ! » et filer en retard au travail.

On rentrait tard, les sacs de courses dans le coffre à décharger, un mot de la maîtresse chiffonné dans le cartable Spiderman. Je signe où ? Ah, voilà Papa ! Faire couler un bain et surveiller la cuisson du souper. Papa s'en charge, on n'a pas épousé un macho manchot. Lors du repas, on raconte notre journée : l'ambiance de travail est à peu près la même que celle de la cour de récré. On décrit le petit fayot qui donne la main à la surveillante au lieu de chahuter avec ses camarades, le surdoué qui agace les médiocres, les nouvelles chaussures rouges de la copine de CP…

On révise la leçon de lecture, sans manifester de désapprobation sur la méthode globale déguisée. On s'abstient de clamer haut et fort que les aventures de Ratus, on s'en fout, et qu'une pédagogie aussi discutable ne peut qu'engendrer une génération d'illettrés. On achète, en cachette, une vieille méthode syllabique que l'enfant ingurgite en pyjama, les paupières lourdes de sommeil.

Ouf ! Enfin seuls.

Démaquillage, pour celles qui se pomponnent. Les vêtements de Monsieur jetés par terre, les nôtres sagement empilés sur une chaise. Lecture ? Bof, nos yeux se ferment déjà. Les galipettes se raréfient : on se lasse de jouir avec un oreiller dans la bouche pour ne pas réveiller les mômes et, de toute façon, il dort déjà, éreinté par sa journée tout aussi marathon que la vôtre.

Les enfants grandissent, les voici adolescents ou presque. Ils sont plus autonomes, mais très exigeants. Nous atteignons nos buts professionnels, notre carrière féminine prend un tournant important; il faut se battre sur tous les fronts, être la meilleure partout, productive, fiable, irremplaçable. Physiquement crevant, ce rythme n'autorise même pas une semaine de répit lorsque nos Anglais débarquent, escortés de leur lot d'inconfort: seins douloureux, jambes lourdes, envie d'étrangler notre chéri…

Nos derniers ébats ont réveillé notre libido comme une levrette sur une clôture électrique. C'était formidable, mais trop vite fait, faute de temps. Monsieur n'ose pas manifester sa frustration. Absorbées par le quotidien, on oublie que nous sommes aussi amante, épouse, maîtresse. Où est passée la cochonne de jadis?

Elle est toujours là, mais elle l'ignore.

Il y a eu le démon de midi. Monsieur s'inquiète de sa séduction. Ses cheveux grisonnent ou disparaissent, son bide pousse en avant. Il se surprend à regarder les fesses de la stagiaire qui se dandine dans les couloirs de l'entreprise. Pas mal, la fille. Quinzième pensée sexuelle de la journée, il est troublé. Madame est crevée le soir, elle souffre du manque de temps, elle regrette les années galipettes. Mais une maison sans enfant, c'eût été trop triste.

Et puis nos propres parents vieillissent, il faut s'en occuper. Les soulager des tracas du quotidien, les soigner s'il y a lieu. Les ados sont occupés à percer leurs boutons devant le miroir grossissant, Monsieur peaufine son rasage, inspecte ses ridules avec angoisse. Si sa propre maman ne peut plus le sécuriser, si sa femme a oublié de succéder à ce rôle maternant, il cherche. Il cherche la mamelle comme un chiot perdu.

Et crac ! Le ciel grisouille se déchire, l'accroc dans le contrat repeint l'horizon en rose. Monsieur a pris une maîtresse ! Il n'a pas été très difficile dans son choix, ni trop présomptueux de ses possibilités. Une trentenaire célibataire, joli corps, peu farouche, qui aura résisté le temps qu'il faut pour faire monter le désir ; le chat n'est jamais aussi excité que lorsque la souris se dérobe à lui.

Il passe par toutes les étapes : l'émerveillement d'avoir à nouveau séduit, à son âge. L'excitation de la nouveauté, les prouesses sexuelles ragaillardies. La joie d'être attendu par cette maîtresse insatiable. Les genoux usés par l'arthrose, Monsieur se permet les positions d'autrefois, revues à la mode du jour. N'est-ce pas merveilleux, toute cette ivresse d'une femme qu'on saute à chaque rendez-vous ? Certes, mais c'est sa place ! Rares sont les hommes qui s'allongent à côté de leur maîtresse pour évoquer l'agrandissement de la cuisine.

Il y a eu le temps des cachotteries. Surviennent la culpabilité, les mensonges racontés (aux deux femmes), le linge sali roulé en boule, comme ferait un brigand qui efface les traces de son effraction. Comment introduire dans la maison familiale les cadeaux reçus ? La fille est malhabile, elle offre des choses qu'elle croit anodines : de la mousse à raser, des baskets, des bouquins sans dédicace, des DVD, un carnet Moleskine de pages blanches à remplir…

Monsieur, tout ébloui de cette vitalité retrouvée, en oublie les plus élémentaires précautions : il rapporte un à un ses trophées, inventant pour chacun d'eux un mensonge puéril.

Alors, une maîtresse est-elle un désastre pour le couple ?

Non, pas toujours ! À lui seul, le mensonge prouve le désir de préserver sa vie de famille : peur de perdre sa femme, peur de faire exploser tout ce que les années ont construit. Mais lorsque Madame est subitement convaincue que son homme entretient une liaison adultère en le voyant déballer une paire de Converse, gêné comme un chat qui fait dans la braise, ou constatant qu'il s'est remis à lire, lui qui n'a pas ouvert un bouquin depuis vingt ans, elle se frappe le front d'un « Bon sang, mais c'est bien sûr ! », et remet en place les pièces du puzzle. Son téléphone portable, qui ne traîne plus dans la maison (il écrit ses SMS en cachette aux toilettes), ses horaires de travail qui ont miraculeusement changé (c'est fou, le nombre de réunions tardives auxquelles il s'astreint, depuis quelque temps), sa façon de nous aborder au lit, comme brusquement intimidé par notre corps (il s'emmêle les crayons, entre ses deux femmes)…

Puis vient le temps de la vérité. Trop de femmes interprètent les mensonges de leur compagnon comme une fourberie. Non, c'est beaucoup plus bête que cela : simple peur. La crainte de ne pas savoir gérer à la fois une relation excitante et une vie de famille à laquelle il tient.

Pour peu que la maîtresse ait, de surcroît, un désir de vie de couple, l'affaire se complique : rompre serait raisonnable. Encore faut-il pouvoir assumer les dégâts causés par cette rupture.

Rompre avec sa maîtresse, c'est la faire souffrir. 97 % des hommes adultères d'âge mûr choisissent cette option, après avoir pesé le pour et le contre. Mais il faut les aider, les pauvres biquets… En cas de doute, se reporter au petit questionnaire[1] (à découper), et le lui soumettre négligemment, en le laissant traîner sur la table du salon. Oui, d'accord, la ficelle est grosse. Mais il est préférable d'opter pour un discours direct : un homme indécis se trouve rapidement perdu dans les coupages de cheveux en quatre, où nous excellons.

Faisons place à nos plus belles années. Les enfants sont grands, ils sont partis pour quelques jours chez un copain.

Hier, Monsieur était exsangue, ratatiné par ses nuits blanches en joyeuse compagnie, tandis que Madame était reposée, pour ne pas dire délaissée. Le revoici devant le lit, tout ragaillardi, le désir rafraîchi.

Que s'est-il passé ? Presque rien. Sinon que Madame a non seulement pardonné, mais a profité de l'expérience du passé. Il est vrai que, ces derniers temps, elle avait mis sa féminité de côté pour remplacer la maman de son conjoint. Mais quel homme aurait envie de coucher avec sa mère ? La voici redevenue sacrément coquine : rien n'est plus costaud qu'une femme décidée à sauver son couple.

MÛRE, MAIS PAS CRUCHE

Errer est humain, pardonner est divin.
A. Pope (1711)

Hier mémère poule, aujourd'hui bordille en chef. Monsieur cligne des yeux,

1. Questionnaire pour Monsieur indécis à retrouver p. 257.

ébloui par ce regain de désir qui déforme son pantalon et par l'émerveillement de ce sentiment, après tant d'années vécues ensemble.

Alors, oui. La femme mûre est une grenade que l'accroc a dégoupillée. La voici devenue… une bombasse !

Qui cherche des aventures ne les trouve pas toujours bien mûres.
Cervantes, Don Quichotte (1615)

6

MANUEL DE SURVIE EN ZONE HOSTILE

Heureusement, il n'y a pas que des Mata Hari de la séduction. Il y a aussi de banales aventures extraconjugales, qu'une femme avisée et expérimentée gérera avec doigté, tact et détermination. Pour commencer, apprenons à reconnaître les signes que les épouses ne devraient jamais négliger :

- il se prépare soigneusement avant de partir seul à un dîner de travail ;
- il a de nouvelles réunions professionnelles (hyper importantes) qui l'amènent à rentrer de plus en plus tard, ou à se déplacer une partie du week-end ;
- lorsqu'il revient de ses week-ends de travail, il est étonnamment lointain, absent et rêveur ;
- il rentre le soir d'humeur joyeuse, il s'assombrit peu à peu en votre compagnie ;
- il ne vous demande plus de l'accompagner, ni de passer le prendre à la sortie du bureau ;

• il restreint l'accès à son portable et son ordinateur et s'en irrite si vous tentez de l'utiliser pour prendre une photo ;

• son téléphone est souvent occupé ou ne répond pas ; il n'a plus de batterie, y compris au milieu de la journée ;

• il fait de plus en plus attention à son apparence, achète des produits de beauté, se rase différemment ;

• au lit, ses habitudes changent : il se montre tout simplement plus froid et ne manifeste aucun entrain ou bien, au contraire, il se met à essayer des choses inhabituelles ;

• il réagit placidement aux caresses qui lui plaisaient beaucoup avant...

Naturellement, cette liste ne concerne pas celles qui ont appris leur sort par un coup de fil anonyme et *bienveillant*; n'étant ni soupçonneuses ni farfouilleuses, elles se frappent le front « Bon sang, pourquoi n'y ai-je pas pensé plus tôt ? » en replaçant les pièces du puzzle, une fois qu'on les a généreusement averties.

Récupérer son homme implique une étude approfondie et honnête de la situation :

1. Identifier l'adversaire.

2. Établir la fiche signalétique du terrain. La voici ci-après :

Quel âge a-t-elle ? [ ]

Notons ici que, contrairement aux idées reçues, une femme du même âge que Monsieur est plus inquiétante qu'une jeunette.

Âge de Monsieur [ ]

Nombre d'années de différence entre eux [ ]

Quel métier exerce-t-elle ? [ ]

Si son métier se rapproche du vôtre, bonne nouvelle dans votre malheur ! Il cherche à vous retrouver lors de sa quête.

Ses atouts et faiblesses à elle ?		**Quelles sont vos faiblesses à améliorer ?**	
Jolie	**Sexy**	**Coiffure**	**Timidité, retenue**
Prête à tout	**Fausse ingénue**	**Silhouette, poids**	**Complexes**
Drôle	**Fêtarde**	**Vêtements**	**Pratique d'un sport**
Souriante	**Manipulatrice**	**Sous-vêtements**	**Trop casanière**
N'a pas d'enfant	**Élégante**	**Humour**	**Pas assez sexy**
N'a pas de conjoint	**Sportive**	**Culture générale**	**Trop maternelle**
Sexuellement libre	**Jalouse**	**Audace sexuelle**	**Optimisme**
Rusée, calculatrice	**Cultivée**	**Tendresse**	**Jalousie**

***Calcul des points*:**

– Comptez 1 point par année de différence entre Monsieur et l'adversaire.

Par exemple : Monsieur a 61 ans, l'adversaire 38 ans = 23 points.

– Comptez 1 point par atout physique de l'adversaire.

– Comptez 2 points par atout intellectuel de l'adversaire.

– Faites le total des points.

Par exemple : 23 points + 13 = 36
Somme : 36 = 3 + 6 = 9

Ces 9 points représentent les défis à relever pour redresser la situation et rattraper Monsieur par le col, en douceur.

Réponse :

– Si vous avez passé plus de cinq minutes à calculer vos réponses, sautez directement à la page suivante pour lire les conseils de la trousse de survie…

– Si vous n'avez pas essayé de compter, lisez les pages qui suivent avec la satisfaction de ne pas vous sentir concernée… provisoirement.

Évidemment, la trousse de survie ne contient pas les mêmes outils selon qu'il a rencontré votre double (même âge, même situation, même couleur de cheveux, même profil), ou qu'il s'est entiché d'une jeunette de trente ans ne vous ressemblant en rien, ce qui est plutôt rare car, instinctivement, Monsieur s'est tourné vers ce qu'il a aimé en vous, en plus jeune.

Inévitablement, une introspection s'impose. Aucune situation douloureuse ou décevante n'arrive sans motif ni élément déclencheur. Encore faut-il se poser les bonnes questions ! L'homme que l'on aime depuis tant d'années est-il subitement devenu le dernier des vauriens ? Certes non, car nous avons eu le bon goût d'aimer un être rare, pétri de qualités.

L'adversaire est-elle la dernière des traînées ? Pas nécessairement. Elle peut tout aussi bien savoir apprécier l'homme que vous aviez choisi (sachant que, pas bête, il s'est montré sous son meilleur jour) et redouter l'idée que le temps passé à attendre cet homme n'aboutira qu'à des larmes. La dulcinée ayant forcément des amies, celles-ci se chargeront de l'avertir par de réconfortants « Nan, mais t'es folle ! », achevant de la convaincre qu'elle est effectivement folle, naïve ou salope.

En tout état de cause, la règle est de ne jamais, *jamais*, désespérer et profiter de ce faux pas pour s'occuper de soi. Oui, nous avons bien dit plus haut « faux pas », car il ne saurait être question de déclarer la Troisième Guerre mondiale.

TROUSSE DE SURVIE

1. S'étonner soi-même

Si votre objectif est de récupérer votre chéri avant les vacances d'été, il faudra passer par un certain nombre de concessions et d'efforts :

- perdre cinq ou six kilos ;
- rajeunir votre dressing ;
- revoir votre coupe de cheveux, changer de couleur ;
- retourner chez le pédicure/manucure/masseur ;
- fréquenter l'esthéticienne plus souvent.

Ah ! On vous entend maugréer : « Ça, je suis encore capable d'y penser toute seule ! » Bien sûr, nous n'en doutons pas. Mais pourquoi cela n'a-t-il pas été fait plus tôt, alors ?

Par ailleurs, nous n'avons pas toutes les moyens de nous offrir des séances de papouilles en institut, mais honnêtement, le jeu en vaut la chandelle : le budget consacré aux pâtisseries exutoires avalées les soirs de frustration paieront bien un coiffeur de qualité !

2. Fermez-la !

Si l'objectif est de récupérer votre mari pour reprendre une vie commune, il est inutile de faire de la publicité sur cet épisode dramatique. La meilleure amie à laquelle vous aurez confié votre infortune se fera un plaisir de vous le rappeler en toute occasion, si tant est que vous ayez envie de passer l'éponge.

3. Sortez !

Profitez de ces périodes de liberté forcée pour renouer avec des habitudes bénéfiques : aller au cinéma, sortir avec des copines, reprendre une vie sociale, quoi.

N'oubliez pas que, moins vous paraissez isolée ou désespérée, plus votre mari sera préoccupé de vous retrouver. Qui serait pressé de sauter dans les bras d'une *Mater Dolorosa* ? Personne ! Et surtout, surtout, ne vous abaissez jamais à le lui faire savoir… Toute tentative pour le rendre jaloux serait vaine. Il y aura toujours quelques bonnes âmes pour l'en informer, et ce sera beaucoup plus efficace.

4. Demandez-vous honnêtement pourquoi il s'est laissé séduire par une autre

- Suis-je devenue un peu moins mimi ? Moins séductrice ?
- A-t-il cru/perçu que je le trouvais moins attirant avec son bidon ?
- Suis-je devenue l'ombre de ce que j'étais à 30 ans ?
- Me suis-je laissée aller à sortir avec un bouton manquant à ma veste et m'en foutre ?

• Ai-je eu tendance à cacher mes petites rondeurs sous des vêtements informes, mal coupés ou franchement horribles ?

• A-t-il toujours eu tendance à être dragueur/séducteur, et moi, aveugle/niaise ?

• Ai-je négligé son apparence à lui qui vieillit aussi, et me suis-je désintéressée de lui ?

• Il a toujours eu peur de vieillir, contrairement à moi ?

• A-t-il cru qu'une béjaune[1] effacerait le temps qui passe ?

• Ai-je oublié de m'occuper de lui en donnant la priorité à nos enfants ?

• Me suis-je laissée aller à raconter mes histoires de règles douloureuses, de pré-ménopause ou de ménopause carrément inutiles à mon image d'amante ? Ou tout ce qui me passe par la tête, dont je ne suis pas fière. Ne négligez pas votre part de responsabilité, personne ne vous juge (sauf l'adversaire, qui a tout intérêt à souligner vos carences).

• Ai-je laissé se creuser un décalage entre lui et moi, depuis son/mon départ à la retraite ? Je/il reste à la maison, subitement moins productif, tandis que je/il est toujours surexcité par ses projets, son métier. Me suis-je ou l'ai-je laissé s'enfoncer dans le monde des boulets à traîner ?

• Est-il simplement un gros con, mais que j'aime pardessus tout ?

5. Soyez indulgente avec vous-même

Parfois, c'est à vouloir trop bien faire qu'on s'éloigne de son compagnon. À vouloir être une maîtresse de maison

1. Oisillon dont le bec est encore jaune et mou. On l'a déjà dit plus haut. Voilà ce qui arrive quand on commence à perdre la mémoire : on fait répéter !

accomplie, une mère parfaite, une compagne modèle et sûre, vous avez peut-être perdu de vue ce qu'il aimait jadis en vous :

- vos imperfections ;
- vos défauts ;
- votre folie ;
- votre spontanéité ;
- vos incohérences.

La femme parfaite est une connasse, on nous l'a assez rabâché !

6. Soyez organisée !

Écrivez votre plan d'action. Pour avoir toutes les chances d'atteindre votre objectif, inscrivez en détail :

- les étapes à franchir pour la reconquête ;
- le nom de vos allié(e)s ;
- les atouts de chacun d'eux.

7. Réinvestissez votre capital narcissique

D'accord, vous n'êtes pas la plus belle, ni la plus drôle, ni la plus jeune, ni la plus riche. Mais l'adversaire non plus ! Pour l'instant, cette personne occupe le terrain par l'attrait de sa nouveauté. N'oubliez pas que le passé construit l'avenir. Et toute prodigieuse que soit l'adversaire, elle fera partie du passé, si vous le décidez vous-même.

8. Rubrique snif

- Cachez vos angoisses et votre désespoir.
- Ne montrez pas vos larmes, encore moins votre colère.
- Évitez de pleurer le soir, cela vous épargnera des yeux de grenouille au matin. Toutefois, si vous n'avez pas pu retenir vos larmes crépusculaires, voici un excellent moyen

de désenfler vos paupières, avant de conduire les enfants au lycée : repleurez un petit coup au réveil, ça dégonfle instantanément ! (Méthode des pleureuses professionnelles sardes.)

• Ne le laissez jamais croire que vous ne pouvez vivre sans lui. Il doit comprendre que, s'il prend le risque de ruiner votre relation, il pourrait en souffrir bientôt plus que vous.

9. Pas de vagues !

Ne rompez jamais complètement. Même si vous marquez plus d'indifférence dans les relations quotidiennes, soyez chatte au lit. Voire même carrément ahurissante !

• Il ne vous touche plus ? Investissez dans un vibromasseur et découvrez votre sensualité cachée. Servez-vous de cet amant à piles[1] au lit, près de votre mari ! Lorsqu'il vous entendra jouir en solitaire, il sera immanquablement excité.

• À vous de choisir si vous l'autorisez à vous toucher ou si vous lui imposez de rester spectateur : l'inaccessible est terriblement aguichant.

• Si votre jouissance solitaire le rend fou, et que vous optez pour un câlin brûlant, montrez-lui que vous connaissez tout de son corps, de ses désirs, de ses plaisirs. Redevenez l'amante que vous étiez à vos débuts et évidemment, comblez-le d'extase !

• Vous avez oublié ou vous ignorez comment devenir une bombe ? Poursuivez la lecture de cet ouvrage pour éviter de vous prendre les pieds dans le tapis.

1. Voir la partie « Coffre à jouer et boîte à outils », p. 189.

10. La tête haute

Soyez flamboyante, rayonnante. Redevenez la séductrice que vous étiez autrefois ! Non pas en vous lançant sur le marché de la drague à tout prix, mais en retrouvant votre capital séduction auprès de ceux qui vous aiment et vous réconfortent.

Inscrivez-vous (sous pseudo) sur un site de rencontres, vous décrivant telle que vous êtes vraiment, et regardez combien de messieurs vous sollicitent. Découvrir que vous pouvez encore plaire contribuera à restaurer votre estime de vous-même. N'est-ce pas justement ce qui a poussé votre homme dans les draps d'une autre ? Personne ne vous conseille de glisser dans l'adultère, mais simplement de palper le bonheur de plaire et de vous rassurer.

11. Dignité, quoi qu'il advienne

Inutile de pondre un livre sur vos états d'âme. D'abord, pour écrire un livre, il faut au minimum quatre éléments :

- une histoire intéressante *(être cocue, c'est banal... être garce, c'est courant et vain)* ;
- une plume d'auteur *(c'est-à-dire emporter le lecteur dans un univers, et non dans une liste de poncifs et de fantasmes)* ;
- un éditeur *(bien cibler sa politique, chacun a ses spécialités)* ;
- des lecteurs *(les histoires d'adultère sont vendeuses, certes. Dieu merci, la littérature l'est aussi. Mais ailleurs !).*

Cela dit, si vous n'êtes ni l'épouse éplorée d'une personnalité célèbre, ni la favorite d'un prince de ce monde, votre histoire risque de n'intéresser que votre entourage, déjà probablement assez informé de vos déboires. Donc, la version bouquin de l'affront est à oublier, faute d'élégance du procédé...

12. De la niaque dans le discernement

Qui que soit l'adversaire, quelles que soient ses motivations et sa détermination, ne la laissez pas croire que ça va être facile. Elle tient à lui ? C'est normal, votre homme est formidable. Et surtout, il n'est pas disponible : rappelez-vous combien l'inaccessible est attirant.

Laissez-la commettre elle-même un faux pas. Lequel ? Espérer un enfant, réclamer un divorce… Cela fera réfléchir Monsieur sur ce qu'il éprouve pour elle…

Depuis que vous êtes redevenue amante experte au lit, le voilà bien embarrassé ! À quoi peut bien servir une maîtresse, si Madame le comble à nouveau ? À rien !

QUATRIÈME PARTIE

Coffre à jouer et boîte à outils

1

ON NE RENONCE JAMAIS : LA DRAGUE

Que ce soit en raison de veuvage ou de séparation... Pas forcément pour toute la vie, mais pour rester dans le coup. La drague, la séduction demandent quelques préparations et quelques repérages : voici un petit guide pour ne pas se fourvoyer...

Revue de détail :

Parce que notre **allure** envoie des messages qu'il faut savoir contrôler, on évite :

- *le look panthère*: il annonce la solitude et, accessoirement, un appétit sans discernement ;
- *la jupe plissée et le serre-tête en velours*: c'est le renoncement, et le souvenir de la conception de marmots cachée sous une chemise de nuit en pilou boutonnée jusqu'au menton ;
- *le look Birkin quand on n'est pas Birkin*: on oublie le genre « mobilisation pour les Afghans », retour des Indes en sabots, pudding aux pousses de luzerne.

• *le look Bardot quand on n'est pas Bardot*: annonce une probable incapacité à faire une place entre deux bacs à chat pour une nouvelle histoire.

Parce qu'on ne rencontre pas n'importe qui n'importe où, on **drague** sans se tromper:

• dans son carnet d'adresses et ses souvenirs;

• au jardin public, le grand-père attendri qui fait prendre l'air aux petits-enfants;

• à la Fnac selon arrivage, on évite le rayon «développement personnel et psychologie», réservé aux tourmentés narcissiques;

• chez Nature et Découvertes, au rayon couteaux suisses et Pataugas, on rencontrera un aventurier avec qui découvrir l'entomologie sous la tente igloo. Mais il faut aimer les bêtes velues et rampantes;

• sur un site participatif de type Blablacar, Airbnb, on multiplie les rencontres l'air de rien et sans prendre de risque, sauf celui d'être déçue;

• au cours d'un dîner, sachant que les individus les plus «voyants» ne sont pas forcément les plus intéressants;

• au golf, tout est possible entre gens du monde, à condition de soigner son swing et de ne pas faire un tonneau avec la voiturette;

• dans les séminaires professionnels, festivals, conférences… Ils offrent l'avantage de regrouper sur un secteur délimité des individus animés des mêmes centres d'intérêt. Ça peut lasser, aussi.

On ne se fait pas d'illusion sur les chances de succès. On évite:

- au bureau, ou dans la même équipe de travail, source d'embrouille assurée ;
- à la salle de musculation, à la piscine, les échanges intellectuels sont limités en nageant le crawl et en soulevant de la fonte ;
- sur une croisière Costa, la farandole de fémurs brochés s'essouffle vite ;
- en remontée du Nil, plan bateau pour un Noël de solitaires en mal d'ésotérisme bon marché ;
- au Club Med, dans une résidence Marmara ou Fram, tût tût ! pouêt-pouêt ! À toute heure, on s'occupe de vous occuper. Il faut se contrôler pour ne pas montrer le tragique de ces rassemblements où l'on s'ennuie malgré le (à cause du) bruit permanent, des propos insipides. Revoir la série des *Bronzés* est plus drôle ;
- le veuf à la réunion de syndic, toujours prêt à chipoter la dépense d'une révision de l'ascenseur, ou à mégoter sur les étrennes de la gardienne.

2

BOBONNE SE TRANSFORME EN BOMBE

À l'époque de notre première rencontre, les moyens de communication étaient archaïques : gros téléphone à cadran, télégramme, télex, cabine publique à pièces d'un franc et, bien sûr, la lettre postée.

Notre quotidien d'aujourd'hui est ponctué d'appels et de SMS irréfléchis, de photos nommées *selfies* par la jeunesse, et de mails vite rédigés.

N'étant plus un canard de six semaines, la femme mûre apprend très rapidement à se servir de ces nouveaux outils qui, lorsqu'ils sont intelligemment exploités, affolent la libido de Monsieur. En effet, il n'est un secret pour personne que les hommes ont une stimulation sexuelle fortement basée sur le visuel. Et c'est une chance pour nous !

Un homme n'exhiberait jamais à ses collègues les photos compromettantes de sa compagne ; en revanche, son instinct de conquérant le pousse inconsciemment à « laisser traîner » sous les regards indiscrets ou amateurs celles de sa maîtresse. Forte de cette assurance de discrétion, nous n'avons rien à perdre en explosant nos forfaits et en faisant passer la jeune concurrence pour un fagot de bois mort.

Le pack indispensable est un téléphone portable de type smartphone, avec forfait illimité pour les conversations coquines et les envois de photos et textos.

Petit tour d'horizon des SMS qui les rendent fous (c'est eux qui le disent !)

N°1 **Le strip-tease en épisodes :** J'envoie à mon Chachat des photos à intervalles réguliers. J'enlève un vêtement par cliché. S'il est géographiquement éloigné, je vais jusqu'au bout du roman-photo. Si son retour à la maison est envisageable dans un temps raisonnable, je cache la partie qu'il préfère avec ingénuité : une main, un bouquet de pâquerettes, une pancarte où j'indique « Je joue, oui ! » et mille autres idées fermentées dans notre cerveau de femmes déterminées.

Mais non, le strip-tease n'est pas réservé aux jeunes beautés ! On a toutes quelque chose de beau, d'émouvant ou d'excitant à photographier. On évitera la lumière verte, qui fait passer le grain de peau pour une pièce de bœuf faisandée, et le flash, qui dilate les pupilles façon lapin ébloui dans les phares.

N°2 **Le texto rentre-dedans :** « J'ai envie de toi » présente le mérite d'être clair. Ces messieurs confient volontiers l'effet d'impatience priapique produit par ce type de blitz message.

N°3 **Le texto-souvenir:** Ce n'est pas le moment d'être pudique ! Un bon texto-souvenir évoque les derniers ébats et toute l'émotion qui nous anime encore. «Je sens encore ton sexe en moi, ta langue chaude qui me parcourt» et blablabla. À vous de voir quels souvenirs radieux et récents sont gravés dans votre mémoire bouleversée.

N°4 **Le texto-menu:** Rendez-le fou en lui racontant ce que vous voudriez lui faire, s'il était près de vous. Les caresses que vous lui prodigueriez, les positions que vous avez hâte de prendre, les sensations que vous souhaitez retrouver et lui faire revivre.

N°5 **Le texto-pas de bol:** L'objectif de votre smartphone est fichu ? Vous dînez en famille chez Tata Huguette ? Impossible de prendre la moindre photo sexy de vous ! Pas d'panique Monique, nous sommes d'une génération qui sait encore écrire sans fautes et n'use que très peu des abrégés. Écrivez-lui en épisodes ce que vous portez, afin qu'il visualise mentalement votre tenue. Accentuez vos propos de qualificatifs précis et sensuels : «Je porte mon petit pull doux, celui que tu m'as chiffonné l'autre soir.» Un moment plus tard, enchaînez : «En bas, j'ai mis ma jupe bleue. Elle est un peu trop courte quand je m'assieds…» Vous sentez que ça chauffe à l'autre bout du fil ? C'est bon, il visualise ! Et même trop bien… Impossible pour lui de continuer à se concentrer sur son planning professionnel.

N°6 **Le texto-convocation:** Pas le temps de faire de la littérature ? N'y allons pas par quatre chemins.

On prend ses deux pouces et on écrit : « À 21 h 12, j'aurai soif de toi. Si tu n'es pas là, je me consolerai avec mon petit vibro. » Peu de chances qu'il se fasse porter pâle pour ce rendez-vous impérieux…

N°7 **Le texto-voisin :** Il bosse dans le salon, vous êtes une incorrigible impatiente. Écrivez-lui depuis la salle de bains : « Tout à coup, j'ai envie que tu me pénètres… » N'oubliez pas de laisser le verrou de salle de bains ouvert, pour lui éviter de défoncer la porte.

À bannir **Le texto-larmiche :** Ça marche un temps, mais il faut rapidement passer à la vitesse supérieure. « Tu me manques », c'est très mignon, mais révélateur d'une sorte d'incapacité mielleuse. Disons-le clairement, ce message est impersonnel ; un homme peut l'adresser facilement à dix personnes différentes sans se sentir engagé : simultanément à sa compagne et à sa maîtresse, à son enfant éloigné, à sa mère le jour de son anniversaire, à sa secrétaire en congé maternité qui, d'habitude, corrige ses devis bourrés de fautes, à son meilleur ami parti faire la bringue avec ses amis d'enfance, tandis que lui, le pauvre, est cloué au lit avec un rhume mortel ; un homme pourrait également adresser ce message nostalgique à sa quéquette, un jour de relâche. Le « Tu me manques » est synonyme de « manque de pot ». Une femme aura donc tout intérêt à incarner elle-même le désir à l'état pur, en personnalisant son SMS : un prénom, un surnom et le rappel d'un détail qui le rend fou caractérisera le message plus efficacement. Annabelle se souvient encore de la réponse de son chéri, à son plaintif « Tes mains me manquent », auquel ce dernier a répondu « Ben, prends tes doigts ! » Désenchantant.

Florilège des motifs pour lesquels il ne répond pas…

– **Le Minitel…** Vous continuez à utiliser cette vieillerie pour envoyer des messages ? Mais à qui, que diable ? Cela ne sert à rien aujourd'hui… Renseignez-vous sur les nouvelles technologies et investissez dans un abonnement 4G (qui n'a rien à voir avec le fameux point G, ni avec un site de rencontres).

– **Il est mort…** Ce sont des choses qui arrivent, surtout à nos âges (nan, on rigole !) ; rappelons toutefois qu'il faut éviter de laisser le portable du défunt dans la bière, sinon c'est la panique quand le cercueil se met à sonner.

– **20 textos en une heure…** Ne pensez-vous pas que ça fait beaucoup, juste après une première rencontre ?

– **Il est 3 heures du matin…** Son téléphone vous renvoie un message automatique : je suis en réunion. Vous y croyez vraiment ? On cherche comment vous dire que vous êtes vraiment naïve ; soit il est à New York et ça s'explique, soit il est sur Greenwich et c'est un fieffé menteur. Ou alors, vous vous êtes rencontrés à Tahiti ?

– **Vous avez un smartphone dernier cri mais vous ne savez pas vous en servir…** Vous avez laissé votre message à l'horloge parlante ou à la hotline. Notez que hotline signifie service de votre fournisseur d'accès et non ligne ouverte de cochonnerie.

– **Il a perdu son téléphone ou il lui a été volé…** Si le voleur vous répond, voyez le bon côté des choses : vous avez peut-être pécho un fringant Arsène Lupin génération Y[1].

1. Génération Y née durant les années 80 et 90, en référence (entre autres) au Y que forment les fils des oreillettes de leur iPod. Mais nan, personne ne vous invite à devenir une cougar, ce n'est qu'une hypothèse.

Une fois redescendue sur Terre, souciez-vous plutôt du traumatisme que constitue pour votre chéri la privation violente de son doudou-smartphone.

– **Et si le prince charmant n'existe pas, on a la solution pour vous…** Achetez deux portables, prenez deux abonnements ; envoyez-vous des SMS et répondez-vous ! Une bonne façon de s'assurer des échanges cordiaux et amicaux. Celles-là même qui s'envoient des cartes postales et se laissent des mots d'amour dans les placards à linge.

3

SÉSAME, DÉCOUVRE-TOI !

Il y a fort à parier que l'éducation sexuelle de certains ou de certaines a été réalisée à l'aide de ce manuel, publié en 1986[1].

"La vulve est comme une petite maison."

On notera au passage les proportions : une fillette minuscule, à cheval sur son énorme vulve dénommée « petite maison » !

1. Jocelyne Robert, *Ma sexualité*, Éditions de l'Homme, 1986. Illustrations de Tibo.

La légende de cette illustration qui ne recule devant rien énonce les parties de la vulve ainsi :

Grandes portes	↔	Grandes lèvres
Petites portes	↔	Petites lèvres (ou nymphes)
Chambrette	↔	Vagin
Rideau	↔	Hymen
Corniche	↔	Ouverture de l'urètre
Clochette	↔	Clitoris

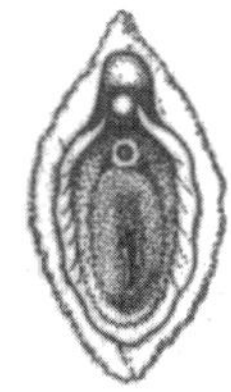

Vulve

Après cela, doit-on encore chercher pourquoi tant de femmes méconnaissent toujours le fonctionnement intime de leur sexe ? Chambrette, corniche et clochette ! On échappe au toit de chaume en poils pubiens… Faut-il s'effondrer ou applaudir des deux trompes ?

L'illustration de l'organe mâle n'est guère plus subtile ; elle suggère au garçon qu'il est doté d'un engin intersidéral (une fusée), tandis que la représentation réaliste de son pénis ressemble à une larve de hanneton (ah ah !)…

On notera « la base » du lanceur de satellite, ornée de trois testicules !

Fusée

Pénis

Légendée comme suit :

Chapeau de fusée	↔	Gland
Ouverture de la fusée	↔	Ouverture de l'urètre
Base	↔	Scrotum contenant les testicules

Poussant encore plus loin le raisonnement de cet ouvrage, les jeunes lecteurs des années quatre-vingt auront singulièrement percé les mystères de la copulation : lancement de la fusée, qui s'écrase en défonçant la maison ? !?

À propos du sexe de la femme et de son aspect, nous pouvons affirmer que nombreuses sont les femmes qui se sont posé des questions sur leur anatomie, débouchant parfois sur de coriaces et inutiles prises de chou. Première précaution, appelons un chat un chat et révisons notre anatomie en même temps que notre vocabulaire. On y est? Tout le monde suit? Partons en exploration de nos « voies basses ». Oui oui, c'est le terme consacré utilisé par les médecins. Donc on s'installe confortablement sur le rebord de la baignoire, le bidet, le bac à douche, de la main droite on tient le miroir grossissant et de la main gauche on écarte l'éventuelle pilosité et on se remémore le vocabulaire technique : la petite lèvre s'appelle la nymphe, c'est tellement plus joli !

À l'issue de ces investigations, des conclusions peuvent s'imposer :

• J'ai une nymphe plus longue que l'autre, suis-je normale ?

• Mon clitoris est tout petit ! Ou trop gros !

• J'le trouve pas !

• Suis-je frigide ? Ou exclusivement vaginale ? C'est possible ?

• Je l'ai trouvé, mais je ne ressens rien !

Bref, de quoi se refiler des complexes à vie et se priver sottement de nombreux moments délicieux, sachant que bien des éléments peuvent enrayer le complexe mécanisme féminin : la prise de traitement antidépresseur, le tabac, la pilule anti-acné ou une ambiance délétère au foyer peuvent expliquer une « panne » temporaire ou de longue durée. Il est donc urgent de se tourner vers le bon docteur Zwang…

Question : *Quelle est la taille du clitoris ?*

De façon très générale, trois centimètres pour ses racines, et autant pour son corps. Certains ont voulu voir la constitution génitale de la femme copiée sur celle de l'homme. On s'est trop souvent obstiné à considérer le clitoris comme une verge avortée rabougrie.

Sa taille n'a aucun rapport avec la « lubricité », la sensualité de la femme. D'ailleurs, elle se montre avec une constance identique chez la plupart des femmes. Trois centimètres pour les racines insérées sur l'os des branches ischio-pubiennes, comme pour le corps émergé palpable qui, entouré de son capuchon, correspond au tiers de la fente vulvaire, elle-même longue de neuf centimètres chez quasi toutes les dames.

Question : *Est-il normal d'avoir des petites lèvres asymétriques ?*

C'est très fréquent et ne nécessite à peu près jamais de correction chirurgicale.

Les petites lèvres – les nymphes – sont une formation anatomique profondément originale et strictement réservée aux femmes. Elles sont faites d'une peau fine et élastique, riche en glandes sébacées, colorées soit en brun soit en rose. Leurs dimensions peuvent atteindre cinq centimètres, trois centimètres étant la taille moyenne. Semi-lunaire, triangulaire, leur configuration est extrêmement variable d'une femme à l'autre, à tel point que l'on peut en faire une caractéristique personnelle. Qu'une soit un peu plus longue que l'autre n'a aucune importance, puisqu'elles se replient, s'accolent habituellement l'une contre l'autre en crête antéro-postérieure, en jabot, et qu'il faut les déployer pour s'en apercevoir ; la faveur est réservée aux intimes… et au miroir ! Les humains s'accommodent sans dramatisation de l'éventuelle asymétrie de leurs yeux, de leur visage. Que les femmes ne mesurent pas leurs nymphes au pied à coulisse !

Le malheur veut que la représentation des petites lèvres soit un tabou absolu de la tradition artistique occidentale – sculpture, peinture, dessin – alors qu'elles sortent de la fente vulvaire d'au moins 75 % des femmes. Gustave Courbet lui-même n'a montré qu'un tout petit bout de petite lèvre sur sa courageuse *Origine du monde.* Cette émergence est habituellement dissimulée par la pilosité.

Des agités du bistouri se sont « charitablement » proposés de venir en aide aux femmes inquiètes. Ils leur amputent – moyennant finance – le segment de nymphe jugé exubérant, en baptisant « labioplastie » cette mutilation. C'est un non-sens et une mauvaise action ; comme s'il fallait passer le sexe des femmes au conformateur, les nymphes à la dimension « réglementaire », la dépersonnalisation étant ainsi parfaite grâce à la suppression de la pilosité…

Avec sa pilosité particulière, avec la forme et la couleur particulières de ses nymphes, que chaque femme sache que son sexe ne ressemble à aucun autre ; et qu'elle se persuade : « C'est moi qui ai le plus beau ! »

4

HEURS ET MALHEURS DU ZIZI

La pilule bleue

On la considère comme un remède miracle, un coup de baguette magique qui regonflerait le moral de Monsieur et son membre honorifique. Les deux, mon général !

Les appels au secours d'une bandaison apathique se multiplient dans les cabinets des urologues ; les rendez-vous sont pris par de fringants messieurs (rarement par leur compagne), inquiets et humiliés : ça commence à clignoter dans le corps caverneux.

Rien d'étonnant, aux dires de nos médecins, prescrivant – une fois les précautions d'usage effectuées – quelques boîtes de pilules bleues, garantes de nuits éblouissantes comme au premier baiser.

Qui la prend ? Beaucoup d'hommes, à partir de 55 ans. On n'évoquera pas ici ce comprimé bleu sans mentionner quelques facteurs aggravants de la morne érection : le tabac, l'alcool, certains traitements médicamenteux contre l'épilepsie, l'hypertension, mais également la routine conjugale, le stress…

La pilule bleue suffit-elle ? Bah… non ! Notre cher docteur Zwang s'étoufferait presque de rire. Rien ne saurait se substituer à la stimulation d'une partenaire attentive, à la douceur d'une bouche pulpeuse ou l'habileté d'une main leste.

En réalité, cette prise de pilule n'est pas miraculeuse, mais permet d'obtenir une érection plus ferme, donc rigide, et surtout persistante.

Monsieur aura-t-il besoin de prendre une pilule bleue à chaque câlin ? Non, pas forcément, et heureusement. À force de permettre le remplissage du corps caverneux, la pilule bleue « rouvre » des voies précédemment obstruées. Il est possible que Monsieur n'ait besoin de gober ce comprimé qu'une fois sur deux ou trois. Ouf !

Quels effets secondaires ? Outre l'érection salvatrice, le comprimé d'azur peut entraîner des brûlures d'estomac, des maux de tête et des rougeurs au visage, à ne pas confondre avec le cramoisi du missionnaire éreinté en appui sur les coudes, ni avec l'essoufflement du marathonien proche de la ligne d'arrivée.

Un glacier nommé Charlie Francis[1] a inventé une crème glacée au Viagra.

On recommande aux gourmands de se munir d'une ordonnance du médecin traitant avant de faire le glouton.

1. Cet original a également créé une glace aux extraits de méduse qui brille dans la nuit, au prix de 225 dollars les deux boules.

Pour les timides, qui n'osent pas demander ouvertement au comptoir « une glace à deux boules au Viagra », il suffira de retenir le nom de cette gâterie : *The Arousal,* traduisible par *l'excitation.*

On ne saurait trop déconseiller aux curieux de s'amuser à mixer une pilule bleue dans une barquette de Gervais rhum-raisin…

De nombreux patients atteints d'un adénome de la prostate ont la surprise d'obtenir de meilleures érections après l'opération…

D'autres, dont le diagnostic était moins bon, se plaignent parfois avec humour : « Docteur, depuis l'opération, quand je jouis, je lâche un pet de moustique. »

Les autres solutions

Attention, contenu déconseillé aux hommes sensibles !

Sans rire, nous devons aborder ensemble un remède que propose actuellement la médecine pour ragaillardir un zizi accablé :

L'injection intra-urétrale

Localement, il s'agit pour Monsieur de s'introduire dans l'urètre le contenu d'une pipette. *Heureusement,* une érection apparaîtra cinq à quinze minutes plus tard. *Généreusement,* la raideur durera de trente à soixante minutes. *Prudemment,* on se souvient qu'un risque de priapisme existe : si Monsieur bande huit heures d'affilée, il vaut mieux annuler ses rendez-vous professionnels avant d'injecter ladite pipette…

L'injection intra-caverneuse

Concrètement, il s'agit pour Monsieur de s'injecter lui-même, dans le corps caverneux de son pénis, avec seringue et aiguille, la même substance que précédemment. *Honnêtement,* il en faut de la motivation, pour se piquer le zizi alors que Monsieur diffère depuis des mois son rappel antitétanique ou galope aux urgences pour une épine d'oursin plantée dans le pouce. *Pratiquement,* il faut compter dix minutes avant l'événement attendu. *Concrètement,* les risques sont les mêmes qu'avec la pipette : priapisme et des lésions irréversibles côté corps caverneux.

Le vacuum

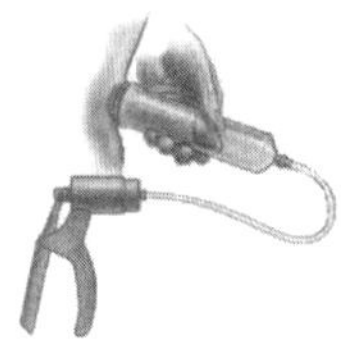

Une pompe à vide, façon pompe à venin que l'on déballe à l'approche d'un essaim d'abeilles. La pompe Vacuum, dans laquelle Monsieur introduit son pénis, agit par « aspiration », provoquant ainsi une érection. Une fois le sang afflué dans le zizi, un élastique sera placé autour, façon garrot strangulatoire, qui empêche la redescente du sang.

Si cette technique offre des résultats satisfaisants, ses usagers sont peu enclins à témoigner de sa difficulté : un apprentissage amphigourique est nécessaire, ce qui implique quelques ratages et franches rigolades.

On pourrait aussi décliner cette « technique » de façon plus artisanale : une fellation bien aspirante, et un chouchou à cheveux bien ficelé autour du pénis. Hop ! Grouillez-vous d'en profiter avant que l'élastique ne pète d'un coup. Tragique, non ?

La prothèse pénienne

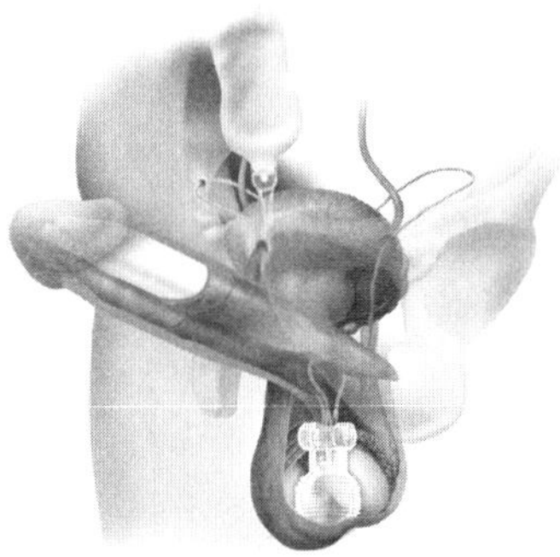

Elle nécessite une volonté farouche après l'échec des méthodes précédentes.

La pose de cette prothèse empêchera définitivement toute érection naturelle, même en cas de désir inattendu.

Concrètement, c'est un dispositif gonflable placé à l'intérieur du pénis, dans le corps caverneux. Une érection à la demande sera possible en actionnant une petite poire placée au milieu des testicules. *Trivialement*, cela revient à avertir sa partenaire que, lors d'un tripotage caressant, elle pourrait s'étonner de sentir sous ses doigts baladeurs une troisième boule nichée dans le scrotum de Monsieur. *Gestuellement*, tel le Shadok, Monsieur actionne la pompe cachée entre ses testicules jusqu'à obtenir l'érection de ses rêves. Aussi glamour qu'un « gratté » de caleçon. *Avantageusement*, ça marche à chaque essai, même devant une partenaire qui se roule par terre de rire. *Malheureusement*, cette prothèse présente l'inconvénient de favoriser les infections et lésions mécaniques.

Dernier recours : la résignation et l'imagination

Un couple vieillissant doit-il vivre en bannissant toute caresse de ses nuits ? Certainement pas ! L'intimité corporelle, indispensable à l'harmonie du couple, n'est pas directement liée, et heureusement, à la pénétration ni à l'éjaculation. Des massages, des démonstrations de tendresse, des jeux amoureux accessoirisés ou même le simple bonheur de se blottir l'un contre l'autre peuvent nourrir un quotidien jouissif...

Et puisque nous en sommes aux questionnements, laissons la parole à notre chirurgien préféré :

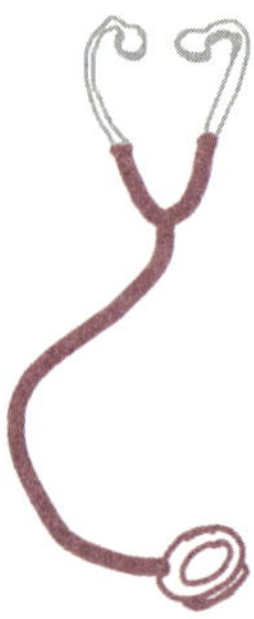

Question : *Le point G est-il une esbroufe ?*

C'est, chez certaines femmes, l'exacerbation de l'érogénéité de la face antérieure du vagin.

Le point G a été décrit par Gräfenberg, transfuge de l'Allemagne nazie. Ce médecin a inventé l'un des premiers stérilets, et n'a jamais contesté le rôle de zone érogène primaire – orgasmogène – si universel et si évident du clitoris. Mais il a bien écouté les patientes qui lui ont raconté qu'elles pouvaient se faire jouir – demandaient à se faire jouir – en caressant « le dedans ».

La paroi de la face antérieure du vagin est séparée de celle de l'axe urinaire – vessie-urètre – par une lame conjonctive, le fascia de Halban. Ce fascia livre un passage à des fibres nerveuses qui aboutissent, dans la paroi vaginale, à des terminaisons quasi (pseudo) corpusculaires. Cela rend réceptive cette paroi vaginale antérieure aux sensations érogènes. C'est un héritage de l'épisode quadrupède de notre phylogenèse ; le pénis des mâles frotte contre la face antérieure du vagin au cours de l'accouplement à quatre pattes. Cette sensibilité a été transmise aux femelles humaines. La zone la plus sensible se situe en bas, derrière ce qu'on appelle le trigone vésical. Chez certaines femmes, elle est assez réceptive pour déclencher l'orgasme. Ce « point G » est donc véridique, mais en tant que zone réceptive.

Que cette zone ne soit pas une entité anatomique repérable n'est pas une raison pour dénier ses pouvoirs érotiques. Les exploiter peut être fructueux, voire amusant. Allons, messieurs, un peu de curiosité. Il est bien poli, bien honnête de caresser le clitoris de votre chérie. Mais son vagin aussi peut se faire caresser. Il ne vous est pas interdit de « pousser un peu plus loin la plaisanterie », en introduisant gentiment l'index, ou le médius, ou les deux, dans son orifice vaginal. Sur la pulpe de vos doigts repliés vers l'avant, le point G peut révéler ses facultés de culmination sensitive… But ! Ce qui ne dispense pas de faire éclore par l'étreinte un nouvel orgasme vaginal (ou deux !). Mais si la physiologie de votre belle n'a pas développé cette vertu orgasmogène, elle saura de toute façon en apprécier la gentillesse.

Il est donc vain de remédier au manque de sensibilité érogène du vagin dont certaines se plaignent en gonflant artificiellement ce qu'on pense être le point G. C'est dangereux, puisque l'aiguille ne se trouve pas loin de l'urètre et de la vessie, et mensonger. On ne peut, en injectant de l'acide hyaluronique, réveiller une sensibilité qui n'a pas encore été expérimentée !

> Rien n'est si aimable qu'un homme séduisant, mais rien n'est plus odieux qu'un séducteur.
>
> Ninon de Lenclos.

5

PLUG & PLAY

Le Tree, œuvre d'art gonflée du controversé Paul McCarthy, déployé place Vendôme à Paris pendant le FIAC 2014, a permis à la France entière de découvrir ce qu'était un plug anal. Cette œuvre géante a finalement été vandalisée après que l'ambiguïté a été levée : ce que les naïfs pensaient être un sapin stylisé était en fait un immense sex toy en plastique vert. La controverse aura stimulé les imaginations puisque, paraît-il, les ventes de plug anal de tout format et de toute matière se sont envolées depuis le saccage de cette œuvre géante. Les spécialistes de son usage affirmant même que les acheteurs sont à 60 % des femmes. Ce qui prouve, pour peu que l'on s'intéresse aux objets insolites, qu'on se convertit très vite à ces usages plus répandus qu'on ne croit. *Oh my Gode !* Rien n'interdit le stockage de quelques joujoux dans nos tiroirs, et la mise à profit des nouvelles technologies dans notre libido.

Vibromasseur dévoué

Nouvelles technologies, disions-nous ?

Souvenons-nous du catalogue de La Redoute des années soixante-dix, épais comme un annuaire téléphonique… que l'on feuilletait, l'index humide pour tourner les pages et l'œil sidéré par l'audace des photographies de lingerie transparente.

Aux rubriques « accessoires de bien-être », entre la sudisette où transpirait quelque mémé photogénique, les bigoudis chauffants et le casque à cheveux soufflant, nous restions coites devant une jeune femme, enchantée d'avoir une chipolata collée sur la joue. Qu'est-ce que c'est ? demandions-nous à nos parents attachés à la préparation du souper. « Aucune idée », répondaient-ils, pudiques.

Ne manquaient ni le culot ni l'imbécillité à l'argument du catalogue de VPC, pour vendre le godemiché dans son habit de lumière façon saucisse métallisée : « Pour raffermir l'ovale de votre visage, stimuler les muscles et conserver la jeunesse de votre peau. » Et voilà ! Ou comment le marketing mêlé à l'art consommé de prendre la femme voluptueuse pour une crétine nous vantait le bon usage du vibromasseur à la mode « remodelage facial d'Elizabeth Arden ».

Aujourd'hui ? Ces mêmes pages de vente par correspondance ont changé leur exposé : les illustrateurs ont cessé de nous prendre pour des nouilles, et l'outil du plaisir est vendu comme tel, ainsi qu'en témoigne un vibromasseur autolubrifiant, pour ne pas dire éjaculateur à la demande : « Inspiré par les chutes d'eau, notre produit incarne la puissance et la pureté de l'eau. » Rien de moins ! Un gadget de 25 cm, rechargeable par câble USB, dont le bouton pressoir remplacerait efficacement une paire de glandes de

Bartholin paresseuses. Eh beh… si avec ça on n'y parvient toujours pas !

Vilain petit canard

Sonia Rykiel n'a pas manqué d'aplomb pour lancer la mode du palmipède flottant au secours de notre libido solitaire et barboteuse. La vague du canard jouisseur inonde désormais l'Europe ; les haltes touristiques s'amusent à décliner Coin-Coin en habit de fête : costume bavarois en Allemagne, Saturnin en pull marin, béret basque en France, Père Noël, sado-maso à collier de cuir clouté, Mozart en habit de cour d'Autriche, marquise à perruque poudrée, diablotin cornu à cape rouge…

En plus, il flotte, le pioupiou, il vibre et ne montre jamais aucun signe d'épuisement, pour peu que l'on n'oublie pas de lui changer ses piles. Aurions-nous pouffé si, dans les années soixante-dix, la styliste mondialement connue avait lancé la vague du petit canard lubrique en costume de scène à paillettes et col de chemise en pelle à tarte ?

Lubrifiants gourmands

Un sondage[1] a révélé que, contrairement aux idées reçues, les lubrifiants sont largement utilisés par les femmes jeunes. En effet, 30 % des femmes de moins de 50 ans interrogées ont confié avoir utilisé un gel durant les quatre semaines qui ont précédé leur réponse à cette étude.

Alors ?

1. E-santé, réalisé en 2006 auprès des femmes utilisant un gel lubrifiant.

Alors rien, mais il faudrait simplement arrêter de croire que l'usage du cylindre magique est réservé aux rombières cartonnées ainsi qu'aux adeptes du rapport anal.

Une fois le problème résolu, quelle horreur ! On découvre au fond du sac à malices un tube rance et une date de péremption largement dépassée. Pas d'panique Monique, une cuisine bien approvisionnée remplacera la pharmacie fermée ! Dans mes placards, j'ai toujours un ersatz de lubrifiant pour mon gourmet :

Lubrifiants gourmands

Le normand: crème fraîche ou Chantilly
Le tropical: huile de paraffine + vanille
Le gascon: graisse d'oie
Le crétois: huile d'olive
L'esquimau: graisse de phoque
Le plus cochon: saindoux
Le campagnard: graisse à traire
Le médical: vaseline pure
Le cinématographique: Dernier Tango à Paris (beurre sans sel !)
L'américain: beurre de cacahuète
Le bio écolo: crème de soja
L'anti-écolo: huile de palme
L'exotique: beurre de karité

6

PETITS ET GROS MOTS À MURMURER DANS LE SONOTONE

Il n'y a pas que la nouvelle technologie ! Les bonnes vieilles méthodes ont aussi leur charme. Les mots cochons susurrés d'une voix rauque peuvent accompagner, voire sublimer nos ébats.

Nous sommes nombreux(ses) à apprécier ces petites phrases murmurées dans le creux de l'oreille. Si la grossièreté est impensable à la ville dans notre quotidien, elle n'en demeure pas moins facteur d'excitation au réduit et dans l'alcôve.

La grossièreté, la trivialité peuvent aussi permettre d'instaurer une familiarité de bon aloi dans ces circonstances. D'autant que certains hommes ont du mal à verbaliser les choses les plus simples. Si on a envie d'un peu d'échange, il est judicieux de démarrer par un « comme tu bandes fort » qui sera toujours apprécié et peut inciter Monsieur à se laisser aller à une réplique opportune comme « j'aime être en toi», ou «et là… tu sens comme tu m'excites», qui est déjà un bon début…

Pour le plaisir des timides, il est important d'associer le gros mot au pronom personnel. «Cochon», «vicelard» ou «salope» est évidemment proscrit hors contexte: cela ne convient pas à toutes les femmes, ni à tous les hommes. La barrière psychologique de notre éducation nous interdit son usage.

Toutefois, assorti d'un pronom plus tendre, «mon» ou «ma» sous-entendant «à moi seul», «salope» ou «cochon» ne constitue plus une injure, mais une appréciation.

Libre aux plus timorées de s'aider du tableau suivant, pour s'inspirer des premiers mots excitants à murmurer; armée d'un crayon, vous pourrez également le compléter par quelques trouvailles personnelles, et ainsi constituer votre petit répertoire intime[1] !

1. Qu'on ne laissera pas traîner sur le bureau. Mieux vaut l'apprendre par cœur ou avaler la feuille.

♂ CE QUE LES HOMMES AIMENT ENTENDRE	♀ CE QUE LES FEMMES AIMENT ENTENDRE
Tu es tellement beau et fort et musclé (?) que j'ai envie de toi.	Tu es tellement belle, sexy et mince (?) que j'ai envie de toi. ....
Prends-moi (ou baise-moi).	Tu me fais bander… ....
Je te sens, profond…	Viens par là. ....
Oh oui, oui, plus fort ! Plus vite !	Mets ta main là. ....
Encore !	Ma vicieuse ! ....
Ahhh ! Je jouiiiiiiiiis !	Ahhh ! Je jouiiiiiiis !!!! ....
Jamais je n'ai joui comme ça !	Je n'ai jamais joui comme ça ! ....

MON RÊVE

MES IDÉES

7

LES PETITES PHRASES DES GRANDS DE CE MONDE

Je voudrais être ta petite culotte, non, mieux encore : j'aimerais être ton Tampax.

Charles d'Angleterre au téléphone avec sa vieille maîtresse Camilla, aujourd'hui devenue son épouse

•••

Ma bien-aimée,
Je suis heureux que tu désires venir. C'est ce qu'il fallait écrire. TRÈS HEUREUX. [...] Je suis abruti d'excitation, de rêverie de toi : NUE, les yeux, la bouche et le sexe ouverts.

Lettre de Paul Éluard à Gala, future compagne de Salvador Dali

•••

Tu sais bien que je n'oublie pas les petites visites; tu sais bien, la petite forêt noire. Je lui donne mille baisers et j'attends avec impatience le moment d'y être. [...]
Vivre dans une Joséphine, c'est vivre dans l'Élysée.
Baiser à la bouche, aux yeux, sur l'épaule, au sein, partout, partout!

Bonaparte à Joséphine de Beauharnais

•••

18 mai 1888, jeudi soir
Mon cher petit grand-père,
J'avais si besoin de voir une femme pour cesser mes mauvaises habitudes de masturbation que papa m'a donné 10 francs pour aller au bordel. Mais 1° dans mon émotion j'ai cassé un vase de nuit, 3 francs 2° dans cette même émotion je n'ai pas pu baiser. Me voilà donc comme devant attendant à chaque heure davantage 10 francs pour me vider et en plus ces 3 francs de vase. Mais je n'ose pas redemander sitôt de l'argent à papa et j'ai espéré que tu voudrais bien venir à mon secours [...].

Lettre de Marcel Proust à son grand-père

•••

Lettre codée de George Sand adressée à son amant, Alfred de Musset: le message secret se lit en parcourant un vers sur deux.

Je suis très émue de vous dire que j'ai
bien compris l'autre soir que vous aviez
toujours une envie folle de me faire

danser. Je garde le souvenir de votre
baiser et je voudrais bien que ce soit
là une preuve que je puisse être aimée
par vous. Je suis prête à vous montrer mon
affection toute désintéressée et sans cal-
cul, et si vous voulez me voir aussi
vous dévoiler sans artifice mon âme
toute nue, venez me faire une visite.
Nous causerons en amis, franchement.
Je vous prouverai que je suis la femme
sincère, capable de vous offrir l'affection
la plus profonde comme la plus étroite
en amitié, en un mot la meilleure preuve
dont vous puissiez rêver, puisque votre
âme *est libre. Pensez que la solitude où j'ha-*
bite est bien longue, bien dure et souvent
difficile. Ainsi en y songeant j'ai l'âme
grosse. Accourez donc vite et venez me la
faire oublier par l'amour où je veux me
mettre.

Réponse codée d'Alfred de Musset: le message secret se lit par le premier mot de chaque vers.

Quand *je mets à vos pieds un éternel hommage*
Voulez-*vous qu'un instant je change de visage ?*
Vous *avez capturé les sentiments d'un cœur*
Que *pour vous adorer forma le Créateur.*
Je *vous chéris, amour, et ma plume en délire*
Couche *sur le papier ce que je n'ose dire.*
Avec *soin, de mes vers lisez les premiers mots*
Vous *saurez quel remède apporter à mes maux.*

Réponse de George Sand, lui donnant rendez-vous par le premier mot de chaque vers.

Cette *insigne faveur que votre cour réclame*
Nuit *à ma renommée et répugne mon âme.*

8

KÂMA-SÛTRA… AÏE… AÏE !

On fait les malignes… toujours prêtes à tester les positions les plus hardies ou les plus branchées du Kâma-Sûtra et de l'histoire… mais est-on vraiment à jour ?

Naturellement, on connaît nos classiques français : la position du duc d'Aumale, qui permet à Monsieur de se faire chevaucher par Madame ; le 69, *année érotique* chère à Gainsbourg, ouvrant la porte à de nombreuses caresses buccales ; la levrette et le missionnaire, styles traditionnels et toujours appréciés…

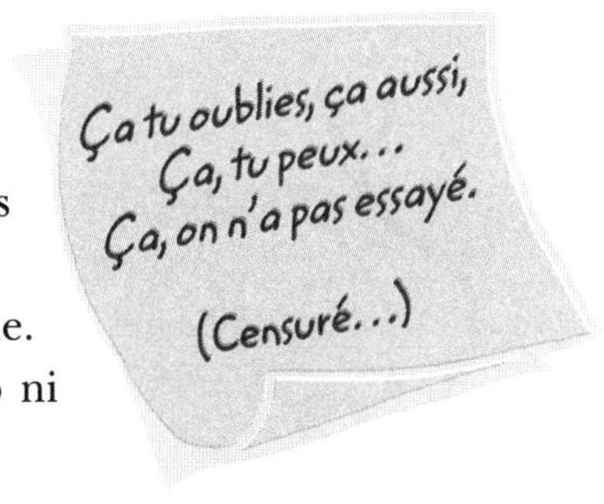

Pour le reste, on se calme !

- On ne force pas, si on n'a pas fait l'école Alexis Gruss.
- On ne se froisse pas un muscle.
- On ne tente pas le lumbago ni la sciatique.

D'ailleurs, pourquoi varions-nous les positions lors de nos câlins ? On pourrait se contenter d'adopter définitivement celles qui nous ont convenu. Mais non, la recherche du plaisir est une quête infinie.

Le Kâma-Sûtra aurait été écrit au Ier siècle par un brahmane original afin de permettre à son maharajah de faire mumuse avec ses partenaires. Le livre aborde également d'autres plaisirs, dont on ne parle jamais : séduction, musique, divertissements et vie en société.

D'aucuns soutiennent que les positions illustrées dans ce livre seraient – en réalité – des sortes de points d'acupuncture (à grosse aiguille, alors !), étudiés pour stimuler certains organes selon les saisons ou les maux à guérir. Bon, pourquoi pas...

Toutefois, celles et ceux qui se sont appliqués à tester toutes les positions de cette bible confirment qu'il leur a été possible d'atteindre l'orgasme avec une dizaine de positions, mais, qu'en revanche, ils/elles s'en sont tirés avec des crampes, des claquages musculaires et tintin pour une cinquantaine d'autres postures...

Enfin, les témoignages n'indiquent pas si les orgasmes étaient d'ordre vaginal ou clitoridien.

Question : *Pourquoi y a-t-il des clitoridiennes et des vaginales ?*

C'est une catégorisation artificielle, irréaliste[1]. Si la princesse Marie Bonaparte, zélée freudienne, n'avait pas inventé les clitoridiennes, personne n'aurait rangé les femmes en deux catégories : les bonnes vaginales et les vilaines clitoridiennes, comme on dit les

1. Autrement et poliment dit : question idiote ?

boiteuses ou les strabiques. Que cette femme soit devenue l'ennemie du clitoris, cet organe dont sont munies toutes les femelles mammifères, dont l'humaine, montre la toxicité du discours de Freud concernant la sexualité féminine et la sexualité en général.

Toutes les femmes sont « clitoridiennes ». L'organe est en place à la naissance. Pas encore fonctionnel, mais il va le devenir. Bien sollicité, il va mettre en route le circuit orgasmique, normalement établi vers cinq ans, chez les petits garçons comme chez les petites filles.

À la deuxième enfance, l'adolescence, les filles vont recourir de façon peut-être moins prégnante que les garçons aux caresses de l'auto-érotisme, mais ce sera de toute façon en recourant aux stimulations clitoridiennes qui déclenchent l'orgasme. Le circuit est établi, et ne tombera jamais en désuétude. Le clitoris fonctionne toute la vie.

Décréter qu'il fallait renoncer à ses agréments pour changer, adulte, de « zone érogène directrice », comme le fit Freud, était une absurdité. Surtout quand il professait que le clitoris était un organe atrophié ; c'est évidemment le contraire, puisque le clitoris est purement réceptif et qu'une femme aguerrie sait se servir activement de son vagin. La Bonaparte en remit une couche, puisqu'elle considérait les « clitoridiennes » comme des malades qu'il fallait soigner !

Les femmes ont une physiologie *érogène primaire* – autrement dit orgasmogène – bifocale. C'est-à-dire que l'orgasme peut leur être délivré par le clitoris comme par le vagin. Double possibilité octroyée par la nature pour consoler des tracas de la maternité ? Et contrairement à ce que dit Beauvoir, et pour faire plaisir à papa Freud, le vagin jouit. Mais sous certaines conditions.

La première condition est d'avoir atteint le développement corporel permettant la pénétration par la verge. Pendant l'enfance, certaines ont pu explorer les premiers centimètres de leur petit vagin avec le doigt, avec de petits objets, tige, bille... et en ont éventuellement perçu de l'agrément. Cela n'a jamais conduit très loin, sauf parfois chez le médecin, pour extraire le corps étranger...

La deuxième condition est d'être parvenue au stade de pénétration indolore. Ceux qui prêchent les vertus érogènes omnipotentes et exclusives du vagin semblent oublier que le canal commence par souffrir lorsqu'il est « mis en service » coïtal. La première pénétration entraîne la rupture de l'hymen. L'entrée vaginale doit cicatriser pour admettre le visiteur sans souffrance. Mais l'« extase » n'est pas pour tout de suite ! La révélation survenant lors de la défloration[1] n'est contée que dans les récits libertins niais du XVIIIe siècle.

La troisième condition va pratiquement être exigée toute la vie. Le vagin doit être mis en bonnes conditions de réceptivité. Là encore, ce n'est que dans les romans et les films que la femme jouit illico de la pénétration, à peine déculottée et pénétrée. Désastreux exemple de comportement. Pour que s'éveille la physiologie érogène du vagin, il faut que la région génitale soit parvenue à un degré d'excitation optimum. C'est-à-dire que les préliminaires de l'accouplement aient « allumé le feu » érogène, tout simplement en rendant hommage au clitoris. Ceux qui s'étonnent que leur

1. Pourtant docteur, si vous saviez combien de nos copines se vantaient d'avoir joui lors de cette première fois ! On les enviait naïvement. Aujourd'hui, lorsque nos enfants écoutent des petites menteuses, ils se tapent sur les cuisses de rire... Merci Internet d'avoir éclairé nos marmots.

compagne ne jouisse pas, *ex abrupto,* dès pénétrée, en ayant fait l'impasse sur l'épisode clitoridien, sont des ignorants ou des mufles.

La quatrième condition est évidemment de se trouver dans les bras d'un compagnon sachant attendre l'éclosion de l'orgasme interne féminin. Sachant donc maîtriser ses sensations érogènes, pour conserver son érection le temps nécessaire ; le vagin est plus long à parvenir à la jouissance que la verge. Cet homme « honnête » est récompensé par la survenue de l'orgasme vaginal, si bouleversant, transfigurant la femme ; le visage de beaucoup s'illumine alors merveilleusement. Connaissant ces exigences, il n'a pas manqué de mal b… simulant l'orgasme, pour flatter quand même, par charité, leur maladroit.

Certaines femmes jouissent du clitoris les cuisses ouvertes, d'autres en les gardant serrées, certaines demandent des mouvements circulaires, d'autres le va-et-vient, certaines apprécient l'*allegro* quand d'autres préfèrent le *moderato,* certaines ne demandent que l'effleurement, quand d'autres exigent une forte pression... Le clitoris est un organe très personnel, et demande pour fonctionner les modalités excitatoires de sa mise en service auto-érotiques. Bien caressée, bien sécurisée par les manifestations de tendresse attentive de son compagnon, la femme va parvenir un jour à l'orgasme vaginal. Le premier survient *ex abrupto,* surprenant la femme par son intensité et par sa diffusion. C'est ce que le langage familier appelle la « révélation ».

Ce que conte Colette dans son *Ingénue libertine.* Cet orgasme si « viscéral », possiblement réitéré deux ou trois fois, diffère de l'orgasme clitoridien, ponctuel et précis. Une fois révélé, il sera définitivement connu et apprécié par la femme, mais demandera régulièrement les conditions requises pour éclore. Une femme ayant parfaitement maturé sa fonction érotique désire alors et très normalement consommer « les deux plats » quand elle se livre aux jeux d'amour.

Il est possible que l'éclosion du premier orgasme vaginal doive survenir pendant une période limitée suivant la défloration. Au-delà, et des années après, il devient plus difficile d'y parvenir.

De toute façon, devenir clitoridienne *et* vaginale, tout simplement *normale, mature,* ne dépend pas seulement de conditions mécaniques. L'accord charnel entre un homme et une femme que réunit un lien amoureux ne s'obtient qu'au sein d'un contexte relationnel permettant l'épanouissement de la physiologie. La totale bienveillance, la totale franchise, la totale confiance, la patience, les « bons sentiments », la détermination caractérielle sont eux aussi tout à fait nécessaires. De la part de l'homme comme de la part de la femme. On construit à deux cet accord charnel et affectif qui est la racine du couple : il est quand même une façon de vivre plus enrichissante que la hautaine solitude…

9

DE L'ART ET DU COCHON

On ne craint que ce qu'on ne connaît pas. Maintenant que nous sommes expertes en anatomie, passons à deux des pratiques les plus répandues, dans toutes les civilisations : la fellation et le cunnilinctus.

La fellation

Ce n'est pas nous qui avons commencé à écrire des cochoncetés !

Pierre Louÿs rédigea en 1926 un petit guide pornographique, en riposte aux manuels d'éducation, fort rigides, destinés aux jeunes filles. Les chapitres dans lesquels il distille quelques conseils grossiers ne manquent pas de sel :

Manuel de civilité pour les petites filles, à l'usage des maisons d'éducation[1]

« Ne dites jamais à un homme du monde : "Faut-il vous la sucer ?" Ce sont les petites filles des rues qui s'expriment ainsi. Dites tout bas, et à l'oreille : "Voulez-vous ma bouche ?"

Si c'est un monsieur que vous n'avez jamais sucé, ne vous livrez pas à des lècheries savantes [...]. Il aurait mauvaise opinion de votre passé.

[...] Sucez lentement. Écartez les dents pour ne pas mordre et serrez les lèvres pour ne pas baver.

Quand le monsieur est sur le point de jouir, ne vous interrompez pas pour lui demander des nouvelles de sa mère, même si vous avez oublié de le faire en son temps.

Si vous êtes couchée avec un monsieur que vous connaissez très bien et que vous faites décharger pour la vingtième fois, vous pouvez alors sans inconvénient lui sucer la peau des couilles et lui fourrer la langue dans le c... par manière de préambule ; mais laissez-lui croire qu'il est le seul à qui vous accordiez ces petites complaisances.

Si le monsieur débande entre vos lèvres, n'en accusez pas la faiblesse de ses moyens, mais votre propre inexpérience.

S'il meurt, commencez par reboutonner son pantalon avant d'appeler la bonne, et ne racontez jamais dans quelles circonstances il a rendu son âme à Dieu. »

Nos pornographes modernes n'ont rien inventé...

1. Petite Bibliothèque Payot, 2013.

La caresse buccale constitue l'un des gestes sexuels les plus appréciés de l'humanité, y compris de certains animaux[1]. Eh oui, nous n'avons pas le monopole du désir ni celui des acrobaties linguales ! Le seul record que les humains détiennent est celui du nombre de synonymes rattachés à cette petite gâterie : qu'on l'appelle turlute, bouffarde, flûte, pompier, plume, sucette ou pipe pour monsieur, cela ne change rien à la fellation. Le tout est de faire preuve d'imagination !

Faut-il attendre d'être au lit pour pratiquer la fellation ? Non, c'est d'un conventionnel qu'on laissera aux amours cachées ou étriquées, bien souvent consignées dans une chambre, parce que parfois secrètes.

Souvenons-nous de l'acteur Hugh Grant, surpris dans sa voiture avec une prostituée un peu tarte sur Sunset Boulevard à Hollywood, alors qu'il était fiancé à la sublime et jeune Liz Hurley. Que se passa-t-il dans la tête et le Calvin Klein de ce mâle de 34 ans, riche, célèbre, adulé par des hordes d'admiratrices ? Bah... c'est tout bête : une petite pipe en voiture, avec le risque d'être surpris, est cent fois plus excitante qu'une traditionnelle sucette entre les draps. Eh oui ! L'audace et la fantaisie sont plus *profitables* qu'un morne pompier avec la plus

PAS DOUÉE

Lorsque ma compagne a chatouillé mon urètre avec sa langue, j'ai eu l'impression qu'on me plaçait une sonde urinaire. J'ai débandé.

Jean-Loup V. 47 ans.

1. Monsieur chauve-souris, pour se reproduire, doit être mis en condition par sa femelle... elle s'y colle tous les printemps...

jolie des amantes. Hugh Grant avait besoin du frisson de l'interdit, éprouvait cette troublante attirance pour le risque et l'envie pressante fut plus forte que le discernement.

Conclusion: debout, assise, allongée, en poirier la tête en bas, toutes les positions pour la fellation sont possibles. À vous de trouver le lieu et le moment les moins propices, et donc les plus excitants: en avion, en train ou à cheval… Dans les embouteillages ou en pleine campagne (notez que les cerfs sont des spectateurs indifférents) ou encore dans un ascenseur.

Laissez parler votre imagination de coquine et soyez à l'affût des situations les plus inattendues. En amour, la routine c'est l'ennemie.

Et les alibis scientifiques sont là ! Vu sur Internet: un site[1] réputé sérieux annonce les bienfaits du sperme; il serait anticancer, antidépresseur, antivieillissement et amaigrissant. Eh ben… si on l'avait su plus tôt, nous serions toutes centenaires, heureuses et minces !

Gourmande et prudente

Une étude réalisée en Californie du Sud sur 15 000 femmes démontre que seulement 1,9 % de celles qui avalent ont été touchées par un cancer du sein, contre 10,4 % dans le groupe de celles qui s'y refusent.

Cette étude souligne que la fellation, réalisée huit fois par mois, diminuerait de 40 % le risque du cancer du sein !

À méditer avant de faire la grimace…

1. topsante.com

Le cunni… quoi ?

Côté Madame, le vocabulaire ne manque pas non plus : faire minette, pèlerinage aux sources, barbouillette, broute-minou… tout cela pour désigner l'hommage salivaire rendu à notre vulve. Comment dit-on déjà… Cunnilingus ?

Eh non ! Tout faux !

Alors, ne nous laissons plus déguster par des ignares !

Afin de parfaire l'éducation de notre chéri, apprenons-lui à s'annoncer correctement. Il dira : « Je suis ton cunnilingus » lorsqu'il nous savourera. Ainsi que : « J'aimerais te faire un cunnilinctus » lorsqu'il demandera une permission qu'on s'empressera de lui accorder.

Combien d'hommes connaissent notre anatomie au point de savoir nous stimuler correctement ? Trop peu, en réalité. S'il suffisait d'une caresse mouillée et onctueuse pour déclencher nos orgasmes, tant de femmes ne déploreraient pas leur frigidité. Aïe, le mot qui fait mal… Heureusement, les temps changent !

Si Monsieur est friand de cette cajolerie linguale, vous êtes chanceuse. Même s'il est maladroit, quelques indications l'aideront à vous rassasier. En la matière aussi soyez imaginative… Il est si facile de donner le mode d'emploi… Surtout si vous commencez par un tête-à-tête ou tête-à-queue : un classique dont on ne se lasse jamais et que toute militante de l'égalité des sexes se doit de promouvoir.

***Devinette*:** Dans quel produit chimique retrouve-t-on des glycols, à l'instar des sécrétions féminines ?

***Réponse*:** Dans l'antigel. Preuve que la frigidité n'existe pas !!!

10

BIZARRERIES DANS LE MONDE

Au **Liban**, les hommes peuvent avoir des relations sexuelles avec des animaux, à condition… que ce soient des femelles ! S'ils copulent avec une bestiole mâle, ils risquent tout simplement la peine de mort. Personne ne dit si la femelle doit être consentante…

À **Hong Kong**, une femme trompée a le droit de tuer son conjoint infidèle, à condition qu'elle le fasse à mains nues. En revanche, elle peut trucider la maîtresse de son mari de toutes les manières qui lui passent par la tête ou lui tombent sous la main.

En **Colombie**, la mère d'une jeune mariée peut assister à la nuit de noces de sa fille pour constater qu'elle perd bien sa virginité et s'assurer ainsi que le mariage est effectivement consommé.

Sur l'**île de Guam**, les jeunes filles vierges sont interdites de mariage. Il faut en effet d'abord « être devenue une vraie femme » avant de convoler. Sur ce territoire, le dépucelage des vierges est même un job à plein temps : les jeunes filles payent des hommes pour les déflorer. En voilà un emploi qui plairait à nos chéris !

Dans l'État américain du **Minnesota**, il est interdit aux hommes d'avoir des relations sexuelles avec des poissons vivants. La législation ne précise pas si cela vaut également pour les femmes. On suppose qu'un individu agité a dû s'énerver sur une rascasse, et donner lieu à cette loi très… étrange.

En **Indonésie**, les personnes surprises en train de se masturber peuvent être condamnées à la peine de mort. Même planquées derrière un rideau.

Encore les États-Unis, qui n'en finissent pas d'étonner le monde : à **Tremonton** (Utah), une femme ne peut pas avoir de relations sexuelles dans une ambulance.

À **Ames** (Iowa), un homme qui a bu plus de trois gorgées de bière a l'interdiction de s'allonger dans le lit de sa femme.

À **Jeun**, dans le Colorado, il est interdit d'embrasser sa femme durant son sommeil !

En **Floride**, les rapports sexuels sont interdits avec un hérisson.

En **Alaska**, il est interdit de laisser son élan mâle copuler avec sa femelle dans la rue.

En **Californie**, les animaux tenus en laisse ne doivent pas s'accoupler à moins de cinq cents mètres d'un troquet, d'une école ou pire… d'une église.

À **Bahreïn**, les hommes médecins peuvent examiner les organes génitaux d'une femme uniquement dans le reflet d'un miroir. Les regarder en face est formellement interdit. Très pratique de soigner une patiente à l'envers !

TEST ULTIME

C'EST KIKI PORTE LA CULOTTE ?

Question 1

Les enfants sont partis en week-end. Ouf, enfin seuls ! Vous rêvez d'un duo sous la couette et de câlins à fissurer les murs. Manque de pot, Monsieur a prévu de rejoindre ses amis pour un symposium « anciens de la fac ».

☐ **Sherlock** : Vous fouillez ses affaires pour avoir la preuve qu'il n'y a pas une fille là-dessous.

☐ **Dolorès** : Vous pleurez jusqu'à ce qu'il annule son symposium, pétri de culpabilité devant votre désarroi.

☐ **Kif-kif** : Vous coupez la poire en deux : je t'accompagne à ton symposium et on dormira à l'hôtel.

☐ **Vilaine** : Vous le ridiculisez en parlant à tous vos amis de sa « boum d'adolescent attardé ».

☐ **Futée** : Vous êtes plus chatte que jamais, le clouant au lit par d'habiles caresses.

Question 2

Lors d'une soirée entre amis, vous apprenez que, durant sa jeunesse, Monsieur était un tombeur de filles, séducteur redoutable.

- ☐ **CIA**: Vous installez dans son téléphone portable un logiciel de surveillance indétectable et vous le suivez à la trace.
- ☐ **Cool**: Vous partez du principe que ces années passées et glorieuses ne concernent que lui.
- ☐ **Fourbe**: D'un air faussement ingénu, vous racontez que, la semaine dernière, un inconnu vous a draguée dans la rue.
- ☐ **Froussarde**: Vous avez soudain la crainte que le démon de midi le rattrape.
- ☐ **Kamikaze**: Pour tester son amour, vous vous inscrivez dans une émission de téléréalité à risques, genre *L'Île de la tentation.*
- ☐ **Doliprane**: Vous prenez rendez-vous dans un cabinet de conseil conjugal.

Question 3

D'habitude, Monsieur vous appelle toujours à l'heure du déjeuner. Mais pas cette fois…

- ☐ Vous le soupçonnez immédiatement de vous cacher quelque chose.
- ☐ Son téléphone doit être en panne de batterie, rien de plus.
- ☐ Vous saturez sa boîte vocale d'appels sur tous les tons: inquiète, puis désespérée, pour finir menaçante…
- ☐ Vous ne réagissez pas et ne demandez aucun compte le soir, lors de son retour.

Question 4

Renfrogné, Monsieur rentre d'un colloque en province. Bref, vous sentez que la soirée s'annonce maussade.

- ☐ **Croix-Rouge** : Vous le cuisinez habilement pour qu'il raconte ce qui le tourmente.
- ☐ **Inaltérable** : Vous lui avez mitonné son plat favori, puis vous lui prodiguez un massage exquis.
- ☐ **Lexomil** : Ça lui passera après une bonne nuit de sommeil, chacun règle ses propres affaires.
- ☐ **Feinte** : Vous l'ensuquez en lui racontant tous azimuts les derniers potins de la famille.

Question 5

En farfouillant l'historique de son ordinateur portable, vous découvrez que Monsieur visite des sites pornographiques.

- ☐ Bah… vous aussi, ça vous arrive. Mais il l'ignore !
- ☐ Vous lui demandez quels fantasmes inavoués il aimerait réaliser avec vous.
- ☐ Quel gros dégueulasse !
- ☐ Cela vous inquiète et vous persuade qu'il pourrait aller chercher ailleurs ce que vous ne lui procurez pas.
- ☐ La carte bleue chauffe dans une boutique de lingerie et accessoires coquins.
- ☐ Il devrait avoir honte de se tripoter comme un ado devant ces horreurs.

Question 6

Vous découvrez que Monsieur a une petite liaison avec une femme beaucoup plus jeune que lui.

- ☐ **Maternelle** : Vous pensez d'abord à préserver son image aux yeux des enfants qui seraient choqués.

- ☐ **Furibarde** : La vaisselle éclate en morceaux, les scènes s'enchaînent, vous lui demandez de quitter la maison.
- ☐ **Prodigue** : Extrêmement abattue, vous lui suggérez toutefois de vivre son histoire sans poser d'ultimatum ; c'est le démon de midi et ça lui passera.
- ☐ **Paf la baffe** : Œil pour œil, dent pour dent… vous prenez un amant pour lui rendre la pareille.
- ☐ **Doc Gynéco** : Vous lui faites un exposé sur la quête inavouable des jeunes femmes à la recherche d'un reproducteur, car leur compteur biologique tourne.
- ☐ **Réactive** : Vous récupérez habilement Pépère par la ceinture, en lui faisant passer des nuits éblouissantes.

Question 7

Le surnom que vous lui donnez :

- ☐ Un petit nom risible bien à vous, genre : Biquet, Kikounet, Poussinnet, Bitounnette, etc.
- ☐ Un classique : Chéri, mon Amour, ma Puce.
- ☐ Un petit nom évocateur de sa virilité : Zorro, Gourdin, Rocco, Cadichon.
- ☐ Son prénom, tout simplement.
- ☐ Un doublon d'une syllabe de son prénom : Juju, Mimi, Roro, Titi.

Question 8

L'attitude que vous ne supporteriez pas :

- ☐ **Voiturier** : Il est galant en laissant passer une inconnue, alors qu'il ne vous ouvre jamais la porte.
- ☐ **Conquistador** : Sa main, glissée entre vos genoux lors d'une soirée entre amis, il marque ouvertement son territoire.

- ☐ **Colibri** : Ondoyant d'un groupe à l'autre, il vous laisse un peu seule lors d'un cocktail.
- ☐ **Casanova** : Il éprouve le besoin systématique de jouer les Don Juan dès qu'une femme se trouve face à lui.
- ☐ **Orthodontiste** : La moindre collation l'oblige à se curer les dents ; pointe de couteau, cure-dents, aspiration bruyante.

Question 9

La concurrence est sérieuse : une très jeune femme s'intéresse beaucoup à Monsieur, qui paraît flatté et ne semble pas décidé à couper court. De votre trousse de survie, quel outil sortez-vous ?

- ☐ **Charitable** : Vous approchez une chaise de Monsieur en disant : « Tiens, chéri, assieds-toi, sinon demain tu vas encore avoir une crise ! »
- ☐ **Réaliste** : Vous abordez la jeunette en l'avertissant directement. « Si vous voulez l'adopter, il faudra veiller à lui mettre un gobelet pour tremper son dentier et lui donner ses gouttes le soir ! »
- ☐ **Détachée** : Le plateau de petits fours en main, vous vous approchez d'eux et vous prenez aimablement part à la conversation.
- ☐ **Perfide** : Vous approchant de ce duo agaçant, vous demandez à votre conjoint « et comment s'appelle cette ravissante gérontophile ? ».
- ☐ **Justicière** : Vous vous mêlez instantanément à un groupe d'hommes et riez très fort afin d'asticoter monsieur. Na !

Question 10

Certes, il ne supporte pas de se voir vieillir, et pense que personne ne remarque les artifices auxquels il se livre. Passe encore qu'il s'observe des heures, mais vous ne supporteriez pas le ridicule qu'il porte :

- ☐ Une teinture de cheveux.
- ☐ Une moumoute.
- ☐ Une ceinture ventre plat.
- ☐ Des talonnettes.
- ☐ Un brushing cache-misère, mèche rabattue sur la clairière.
- ☐ La panoplie post-adolescent : jean, casquette à l'envers, sweat University.
- ☐ Une banane en skaï autour de la taille.
- ☐ Des socquettes et des claquettes Birkenstock.
- ☐ Une cravate humoristique.
- ☐ Un chihuahua dans les bras.
- ☐ Une boucle d'oreille façon « Compagnon du tour de France » sédentaire.
- ☐ Un tatouage artisanal et raté.

Résultat : Est-il vraiment nécessaire, après lecture de ce pensum – où vous vous serez inévitablement reconnue à certaines pages –, de compter les points pour savoir où vous en êtes ? Avez-vous besoin d'une confirmation extérieure, pour réagir (enfin) si Monsieur a tendance à abuser de votre gentillesse ou de la confiance que vous lui accordez (peut-être aveuglément) depuis tant d'années ? Regardez-le vieillir avec la même tendresse que celle attendue de sa part. Communiquez à votre façon, faites place à l'humour (il en faut pour se regarder mûrir). Chaque problème a une solution ! Si, si, si ! Et souvenez-vous, comme disait M. Achard, que **les talons hauts ont été inventés par une femme qui en avait ras le bol d'être embrassée sur le front !**

Conclusion

CONTEMPLER LE MÊME HORIZON...

En l'espace d'un siècle, notre espérance de vie a presque doublé : elle est passée de 45 ans en 1900, à 81 ans aujourd'hui[1]. Jamais l'humanité n'a vieilli aussi longtemps et aussi bien !

Cette courbe avantageuse est due aux progrès de la lutte contre les maladies cardiovasculaires et les cancers. On soulage aussi les douleurs de l'arthrose – la chirurgie orthopédique ayant fait d'immenses progrès –, on remplace aujourd'hui les articulations douloureuses ou défaillantes. On reconnaît également les effets très positifs de la médecine chinoise sur toutes les pathologies du vieillissement ; les massages traditionnels « relancent » la machine en rééquilibrant les énergies... le yin et le yang. Et luttent très efficacement contre la fatigue.

1. Plus précisément 78,5 ans pour les hommes et 84,9 ans pour les femmes, en France. Étude réalisée en 2012 par l'INED, Institut national d'études démographiques.

Certes, d'autres maladies restent encore sans traitement efficace, Alzheimer notamment. Et si le malade perd ses repères et la conscience de son état, l'entourage, lui, déguste sévèrement. Mais soyons positives, recouvrons les maux de mots apaisants, à l'instar de Françoise Xenakis qui nomme avec poésie ce lent naufrage « la douce maladie de l'indifférence ».

Tournant nos regards vers la Lumière, prenant soin de soi et de son Chachat, nous vivrons mieux et vieux, à condition de respecter deux règles : tempérance et joie de vivre.

Pour la tempérance, on commence par arrêter :

- de fumer ;
- de boire de l'alcool (un verre de vin par jour, c'est déjà beaucoup).

On réduit considérablement :

- le sel (très néfaste pour la tension artérielle) ;
- le sucre (mauvais pour le cholestérol et le diabète) ;
- le pain blanc (qui gonfle dans l'estomac et provoque des gaz).

On choisit essentiellement des aliments bio ; on sait aujourd'hui que nombre de maladies et de cancers sont déclenchés par ce que nous consommons quotidiennement.

On trouve ainsi entre autres saloperies dans notre alimentation :

- pesticides et insecticides dans les fruits et légumes ;
- huile de palme et graisses saturées, hydrogénées, dans les gâteaux, biscuits ou viennoiseries industrielles, ainsi que dans toutes les « préparations » de type pâtés, lasagnes en barquettes, plats cuisinés et autres ;
- conservateurs dans tous les produits transformés ;

• colorants, exhausteurs de goût, arômes ;

• antibiotiques, hormones ou métaux lourds dans le lait de vache[1], les viandes et les poissons.

Autant de bombes à retardement que l'on ingère et qui doivent nous inciter à opter résolument pour une alimentation plus saine[2]. Il suffit de :

• changer ses habitudes en courses et acheter des aliments bio (non, ce n'est pas plus cher. Même les magasins discount Lidl et Leader Price ont leur gamme de produits bio !) ;

• cuisiner soi-même ! Les séances d'épluchage de beaux légumes amusent les enfants (et petits-enfants) et instaurent un climat complice dans un foyer. C'est plus économique et surtout plus sain ;

• remplacer le lait de vache par du lait de soja. Le soja contient des isoflavones qui préservent du cancer du sein, des bouffées de chaleur, consolident les os et préviennent les douleurs articulaires. Pas convaincue ? Eh bien pourtant, seulement 3 % des populations d'Asie en consommant chaque jour sont touchées par le cancer du sein, contre 12 % en Europe ;

1. Le lait de vache ne devrait jamais être consommé à l'âge adulte, contrairement aux recommandations faites par l'industrie laitière, au prétexte du calcium. Les cancérologues sont unanimes sur le sujet. Étrangement, les pays d'Asie non consommateurs de lait de vache sont très peu touchés par les cancers féminins et encore moins par l'ostéoporose. Ils sont, en revanche, gros consommateurs de soja et de curcuma, réputés très efficaces contre les maladies qui rétament les Occidentaux. On nous prend donc pour des quiches !

2. Bien plus qu'une forte dose unique de saloperie, c'est la répétition de petites quantités quotidiennes qui déclenche l'anarchie dans notre métabolisme immunitaire.

- acheter du pain intégral (farine type 150), du pain bûcheron, du pain de seigle ou du pavé norvégien, contenant le moins de farine blanche possible ;
- avaler du curcuma chaque jour. On n'a pas dit de mitonner un curry à tous les repas ! Achetez plutôt des gélules de curcuma, faciles à ingérer. Veillez à ce qu'elles contiennent également de la pipérine (du poivre), qui multiplie son action. Le curcuma est davantage efficace lorsqu'il est pris en dehors des repas. Renseignez-vous sur Internet ;
- lire les étiquettes de composition des aliments qu'on achète. On a toujours une paire de lunettes de dépannage dans son sac (ou un ado serviable, qu'on en profite pour éduquer à « manger moins mal »).

Sans compter que, passé un certain âge (le nôtre), l'insuffisance d'hygiène de vie s'entend et se voit. Nos excès nous trahissent par :

- le teint terreux et la toux bronchiteuse de fumeuse, la voix rocailleuse. Ça n'a plus rien de glamour après 30 ans : merci la clope !
- la peau couperosée, la mine bouffie et rougeaude : merci l'alcool !
- les rondeurs flasques et bourrelets de gloutonne ballonnée : merci la bouffe !
- le bronzage qui accentue nos rides, donne une mine de merguez, et peut déclencher un cancer de la peau. Le hâle est acceptable[1]. Le bronzage sur un décolleté irrémédiable-

1. Les autobronzants sont efficaces et bien moins nocifs, pour celles qui se préfèrent hâlées toute l'année.

ment taché, ça fait juste vieille peau de chat tigré : merci les UV !

Les soins de santé et d'esthétique qui pourraient nous tenter seront absolument gâchés si nous fumons, buvons et si nous sommes en surcharge pondérale ou tannées par le soleil.

Bon, on le sait... Plus facile à dire qu'à faire ! Nous aussi, ça nous arrive de râler parce qu'on s'est jetées sur le foie gras et la tarte au citron. Nous aussi, on est rentrées d'une journée à la plage cramoisies parce qu'on avait envie de soleil. Mais que cela ne nous décourage pas, il faut rester concentrée sur l'objectif: c'est-à-dire l'abstinence totale, lorsqu'on est agrégée de procrastination... Les « demain, j'arrête », on connaît ! Les anciens fumeurs se remettent à fumer et les alcooliques mondains continuent de siroter fièrement sur l'air de : « C'est pas de l'alcool, c'est du champagne ! » Mouais !

Alors pensons à notre cœur, à nos artères et nos taches de soleil. Ce nouvel âge d'or de la vieillesse que nous sommes en train d'expérimenter présente bien des avantages : du temps libre, des loisirs plus accessibles, la possibilité pour ceux qui le veulent ou qui le peuvent de garder une activité, l'ouverture au monde grâce à la révolution Internet, les services à la personne développés et facilités comme jamais...

Le mot « future retraite » prendra un tout autre sens : il ne s'agira plus de se retirer du monde, mais d'aborder un nouveau tiers temps de vie... pour profiter le mieux possible de ces longues années qui nous restent à savourer.

La deuxième règle : la joie de vivre.

Il s'agit de prendre conscience des plaisirs et des privilèges que la vie nous offre, en faisant preuve d'objectivité et de solidarité :

- Nous sommes la génération qui n'a pas connu la guerre.
- Nous avons voyagé à l'abri du terrorisme international.
- Nous avons grandi durant les années de croissance et de profit.
- Nous avons découvert l'amour sans le sida.
- Nous avons aimé dans la foulée des mouvements libertaires, d'amour et de paix.
- Nous étions à la destruction du mur de Berlin, on l'a rêvée, puis applaudie.
- Nous sommes la génération de la révolution digitale : celle qui est passée du Minitel à Google.
- Nous sommes d'insatiables curieuses : les annonces, les sites, les chats n'ont pas de secret pour nous : les plus de 50 ans sont les surfeurs du Web les plus passionnés.
- Nous ne connaîtrons jamais l'isolement de nos mères dans leur village : les sites de rencontres, de partage, l'accès à toutes les bibliothèques du monde, c'est pour nous.

Les Chinois considèrent que, pour vivre longtemps, il faut respecter **deux préceptes** : beaucoup lire et faire l'amour…

Le premier est accompli : vous avez terminé ce livre.

Et puisqu'on ne compte pas vous abandonner en si bon chemin, rendez-vous dans quelques années pour un nouvel opus qu'on intitulerait *Les sexagénaires ne sont pas des poires*, ou encore plus tard *Les septuagénaires ne sont pas des légumes*. Et pourquoi pas, carrément, *J'ai 80 balais et je m'éclate !*?

Pour **le second** précepte : envoyez un texto à Chachat qui se demande pourquoi vous vous bidonnez en lisant ce bouquin depuis quelques jours, et passez directement de la théorie aux activités manuelles. Hop ! Faites un câlin. Un vrai. Un qui ne comptera pas pour des prunes...

SUPPLÉMENT RÉSERVÉ AUX HOMMES

Voici, en cas de doute, un questionnaire pour Monsieur. À laisser traîner sur son bureau ou sur sa table de chevet[1]...

TENTÉ DE FUIR AVEC UNE MAÎTRESSE ?

Questionnaire à remplir avant d'empoigner sa valise...

- *Est-ce que j'aime encore ma femme ?*
  - ✓ Oui.
  - ✗ Non. J'appelle directement les Déménageurs bretons et je fais mes cartons.
- *Est-ce que j'aime ma maîtresse ?*
  - ✗ J'y suis attaché, je la désire.
- *Ai-je envie de poursuivre ma vie avec une sexualité morose ?*
  - ✗ Non.
- *Ai-je envie de construire quelque chose avec ma jeune maîtresse ?*
  - ✗ Non. Je ne me vois pas finir ma vie avec elle, mais j'ai besoin de profiter de cette ivresse toute neuve. Et je ne veux pas la faire souffrir.
- *Qu'est-ce que je ne supporte plus chez ma femme ?*
  - ✓ Sa façon de s'occuper des autres et d'oublier notre histoire de couple. Son côté très maternel qui l'a rendue inaccessible à mes yeux; en remplaçant un peu ma mère, elle a cessé d'être mon amante.

1. Découper selon les pointillés.

J'aimerais qu'elle redevienne les deux : salope et mère poule !

- *Qu'est-ce que j'aime chez ma femme ?*
  ✓ Sa stabilité, son humour, son éducation, ses mains et ses yeux, sa chatte. Et qu'elle accepte de vivre dans mon foutoir.

- *Qu'est-ce que j'aime chez ma maîtresse ?*
  ✗ Sa disponibilité, son rire à mes âneries, ce nouveau corps à explorer. Et, chose inavouable, ses nombreux points communs avec ma femme.

- *Qu'est-ce que je n'aime pas chez ma maîtresse ?*
  ✗ Sa coupe de pubis en ticket de métro, son espoir de construire son nid sur les débris de mon foyer, son côté pointilleux, son amour de l'ordre. Et je déteste qu'elle espère un enfant. Je déteste devoir lui avouer que je n'ai pas ce désir avec elle. Je déteste lui mentir en répondant « je ne sais pas », lorsque je crains de la blesser. Je déteste qu'elle me fasse miroiter une nouvelle vie, alors que je ne cherchais qu'un nouvel élan sensuel et viril. Je déteste l'homme que je suis devenu.

- *Est-ce qu'il m'arrive de mentir à ma femme ?*
  ✓ Oui, depuis que je la trompe.

- *Est-ce qu'il m'arrive de mentir à ma maîtresse ?*
  ✗ Oui, sans arrêt. Je lui fais croire que je passe des week-ends seul avec mes enfants, je lui dis que je ne fais plus l'amour avec ma femme, je lui promets que je vais parler à ma femme. Pour la faire patienter, ou dans l'espoir qu'elle rompe elle-même, lorsque je serai prêt à l'accepter.

- *Si ma maîtresse se retrouvait enceinte demain ?*
  - ✓ Ayant vu des photos de mes enfants adoptés, elle croit que ma femme est stérile. En fait, c'est moi qui le suis. Mais je ne le lui ai jamais révélé.
  - ✗ J'en serais catastrophé. La seule personne qui m'ait donné envie d'un enfant, c'est ma femme. Je la supplierais d'avorter, je ne reconnaîtrais jamais l'enfant. Ma femme aurait pitié du bébé et me pousserait à exister dans sa vie. Parce qu'elle est bonne et maternelle. Je refuserais, pour ne pas briser mes mômes, ni les défavoriser après ma mort par un partage douloureux. Si ma maîtresse était enceinte, ce serait la merde.

MÛRE ET LUCIDE

Le plaisir et la peine couchent dans le même lit.

Proverbe tchèque.

- *Si je quitte ma femme, est-ce qu'elle souffrira ?*
  - ✓ Oui. Je ne supporterais pas de la blesser.
  - ✗ L'idée de bouleverser mes enfants me rend malade.

- *Si je quitte ma maîtresse, est-ce qu'elle souffrira ?*
  - ✓ Oui. Mais elle est encore jeune et passera à l'affaire suivante. Je n'aurais pas dû l'entraîner dans cette histoire sans avenir.
  - ✗ Ce sera une blessure d'orgueil pour elle. Je savais qu'il n'y avait pas d'issue, mais j'étais en manque d'attention, en manque de reconnaissance, en manque de repères au midi de ma vie.

- *Si j'avoue tout à ma femme, est-ce qu'elle me pardonnera ?*
  ✓ Oui, je le pense. Je lui dirai tout ce qu'elle veut savoir, pour lui prouver ma détermination. Elle ne posera pas de questions, elle n'en pose jamais, ne fouille pas dans mes affaires. Mais je lui raconterai tout quand même, pour évacuer cette histoire et me montrer digne de sa confiance maltraitée.
  ✗ Non, je ne le crois pas. Ma femme ne cherchera pas à comprendre ce qui m'est arrivé – ce qui nous est arrivé. Elle sera ivre de colère et, inconsciemment, me poussera dans les bras de l'autre.

- *Si je quitte ma maîtresse, est-ce qu'elle me pardonnera ?*
  ✓ Oui, en apparence. En apparence seulement. Elle reniflera doucement, regrettera de ne pas être tombée enceinte (elle a bientôt trente-cinq ans, et rien de construit) et aura la sottise de me l'avouer. Elle s'inquiétera des photos compromettantes que nous avons échangées, je lui certifierai qu'elles sont effacées. Ma femme les a vues, mais elle s'en fout; nous en ferons de bien pires, elle et moi. Puis, mon ex-maîtresse se vengera peut-être. Si j'avoue tout à ma femme, nous serons imperturbables. Et par sa vengeance, je mesurerai combien ma bite m'aveuglait.

Résultat :

Si vous obtenez une **majorité de ✗** : c'est mort ! Virez la maîtresse et gardez votre femme ! On ne construit pas une nouvelle vie sur une simple attirance sexuelle qui faisait défaut dans un couple de longue durée. Si vous avez su conquérir une maîtresse, vous saurez reconquérir votre femme…

Si vous obtenez une **majorité de ✓**, remontez vos manches, laissez-vous pousser une paire de cou…rage, et faites le ménage dans votre vie. Soyez plus honnête avec votre maîtresse, ne lui faites pas rejouer *Back Street*, laissez-lui une chance de rencontrer quelqu'un qui bâtira sérieusement des projets avec elle.

Si votre score indique **autant de ✓ que ✗**, vous êtes dans un caca sentimental basé sur l'attrait physique et d'idéalisation classique d'une histoire balbutiante. C'est très excitant, mais la souffrance à venir, faute de décision, serait plus destructrice que l'honnêteté.

Le discours classique du conjoint qui reste pour les enfants est un leurre : il fait patienter la maîtresse qui culpabilise de détruire un foyer (si elle est normalement constituée, elle sait qu'on ne construit rien sur des fondations branlantes).

Autre hypothèse : le bobard du conjoint qui reste parce que « les frais d'un divorce sont trop élevés » est une hypocrisie à laquelle plus personne ne croit.

TABLE DES MATIÈRES

DEUXIÈME PARTIE

Bistouri, piquouzes et porte-jarretelles

TROISIÈME PARTIE

Amours, Éros et charentaises

QUATRIÈME PARTIE

Coffre à jouer et boîte à outils

Composition PCA-CMB
44400 – Rézé

Imprimé en Espagne
Dépôt légal : janvier 2015
N° d'impression : 01
ISBN : 978-2-7499-2450-2
LAF : 1960